열정으로 가득한 초심자의 마음가짐으로,
독자님과 함께 커가는 지식의 나무가 되겠습니다.

열정 100% 씨앤톡

쓱쓱 쓰며 쉽게 익히는
일본어
펜맨십

초판 발행	2009년 11월 23일
초판 7쇄	2022년 03월 15일
발행인	이진곤
발행처	씨앤톡
등록일자	2003년 5월 22일
등록번호	제 313-2003-00192호
ISBN	978-89-6098-099-0 (13730)
주소	경기도 파주시 문발로 405 제2출판단지 활자마을
홈페이지	www.seentalk.co.kr
전화	02-338-0092
팩스	02-338-0097

ⓒ2009, 씨앤톡 See&Talk

본 책은 저작권법에 의해 보호를 받는 저작물이므로 무단 전재와 복제를 금합니다.

쓱쓱 쓰며 쉽게 익히는

일본어 펜맨십

머리말

국제화사회에서 현대인들에게 요구되는 것은
한두 가지 이상 다른 나라의 언어를 구사하는 것이 아닐까
생각합니다.

이는 비단 취업과 관련된 문제가 아니라
국제화사회를 사는 우리들에게 주어진 시간을
좀 더 폭넓고 유익하게 활용하는
하나의 방법이 될 수 있기 때문입니다.

다른 나라의 언어인 일본어의 문자를
처음 접하면서 쉽게 느껴질 수는 없습니다.
이 책은 아무 생각 없이 쓰기만으로 외우는 방법보다는
그림과 단어를 병행한 연상훈련 학습법을 통해
'자연스럽게 익힐 수 있도록' 고안하는데
역점을 두었습니다.

다른 나라의 문자를 익힌다는 것이
생각보다는 쉽지 않겠지만
이를 아는 만큼 자신이 세계화의 중심에 선
주인공이 될 수 있다는 희망을 가지고
용기 있게 도전하시길 바랍니다.

아무쪼록 이 책이 여러분의 일본어학습에
흔들림 없는 초석이 되기를 기원합니다.

편집부

이 책은 일본어 왕초보도 혼자서 재미있게 ひらがな와 カタカナ를 습득할 수 있도록 고안된 책입니다.
해당 문자가 포함된 단어를 그림과 함께 제시하고 있으니, 연상학습이 가능하도록 나오는 문자마다 이미지화를 시켜보세요.

○ 올바른 일본어 쓰기 순서를 익혀야 합니다. 반드시 순서에 맞춰 연습하세요. 또한 영어 표기법도 같이 공부해 두면 탁음 발음이나 요음 발음 시 발음 차이를 이해할 수 있고 컴퓨터 등에서 일본어를 입력할 때도 많은 도움이 됩니다.

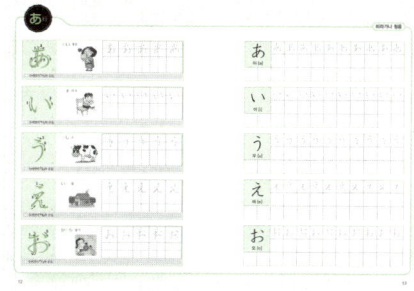

○ 비슷한 모양을 하고 있어 틀리기 쉬운 글자들은 서로 비교하며 써보는 연습을 하며 정확한 발음과 표기법을 익힐 수 있습니다.

○ 히라가나와 가타카나를 함께 써 보면서 일본어 50음도를 확실하게 이해하십시오. 일본어에서는 히라가나는 물론 가타카나도 많이 쓰이므로 꼭 함께 암기해 두어야 합니다.

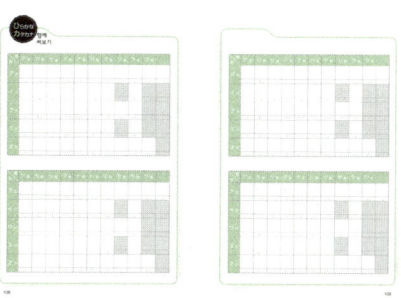

히라가나

일본어의 기본 글자예요.

	あ [a]	か [ka]	さ [sa]	た [ta]	な [na]
あ段	あい 사랑	かお 얼굴	さくら 벚꽃	たこ 문어	なす 가지
	い [i]	き [ki]	し [shi]	ち [chi]	に [ni]
い段	いす 의자	かき 감	しか 사슴	くち 입	かに 게
	う [u]	く [ku]	す [su]	つ [tsu]	ぬ [nu]
う段	うし 소	きく 국화	すいか 수박	つき 달	いぬ 개
	え [e]	け [ke]	せ [se]	て [te]	ね [ne]
え段	いえ 집	いけ 연못	せかい 세계	て 손	ねこ 고양이
	お [o]	こ [ko]	そ [so]	と [to]	の [no]
お段	かおり 향기	こえ 목소리	そと 밖	いと 실	つの 뿔

※'특히 발음에서 끝의 모음([a], [i], [u], [e], [o])이 같은 것으로 끝난 글자들 '단'에 신경 쓰면서 외워 보세요.

は [ha]	ま [ma]	や [ya]	ら [ra]	わ [wa]	'아' 단
はち 벌	くま 곰	やま 산	らくだ 낙타	わたし 나	

ひ [hi]	み [mi]		り [ri]		'이' 단
ひ 불	みみ 귀		となり 이웃		

ふ [fu]	む [mu]	ゆ [yu]	る [ru]		'우' 단
ふく 옷	むし 벌레	ゆみ 활	くるま 차		

へ [he]	め [me]		れ [re]	を [wo]	'에' 단
へそ 배꼽	め 눈		すみれ 제비꽃	ほしをみる 별을 보다	

ほ [ho]	も [mo]	よ [yo]	ろ [ro]	ん [n]	'오' 단
ほし 별	もも 복숭아	ひよこ 병아리	ふろ 목욕탕	ほん 책	

표의 빈칸에도 옛날에는 글자가 있었지만 지금은 쓰지 않는 글자가 되었습니다.

ハ [ha]	マ [ma]	ヤ [ya]	ラ [ra]	ワ [wa]	'아'단
ハート 하트	マウス 마우스	ヤクルト 요구르트	ラジオ 라디오	ワイン 와인	
ヒ [hi]	ミ [mi]		リ [ri]		'이'단
ヒーター 히터	ミシン 재봉틀		リボン 리본		
フ [fu]	ム [mu]	ユ [yu]	ル [ru]		'우'단
フルーツ 과일	ハム 햄	ユニホーム 유니폼	ルーム 방		
ヘ [he]	メ [me]		レ [re]	ヲ [wo]	'에'단
ヘア 헤어 스타일	メロン 메론		レモン 레몬	해당 단어 없음	
ホ [ho]	モ [mo]	ヨ [yo]	ロ [ro]	ン [n]	'오'단
ホテル 호텔	モニター 모니터	クレヨン 크레파스	ローズ 장미	パン 빵	

차례

머리말	4
구성과 활용법	5
ひらがな 50음도	6
カタカナ 50음도	8
ひらがな 청음	11
혼동하기 쉬운 ひらがな	32
ひらがな 탁음	34
ひらがな 반탁음	42
ひらがな 요음	44
한 번에 써보기	58
ひらがな 촉음	56
ひらがな 발음	57
ひらがな 장음	58
カタカナ 청음	60
혼동하기 쉬운 カタカナ	80
カタカナ 탁음	84
カタカナ 반탁음	92
カタカナ 요음	94
한 번에 써보기	105
カタカナ 촉음	106
カタカナ 발음	107
ひらがな / カタカナ 함께 써보기	108

ひらがな

히라가나

우리말의 「아」와 같음.

우리말의 「이」와 같음.

우리말의 「우」와 같음.

우리말의 「에」와 같음.

우리말의 「오」와 같음.

히라가나 청음

あ 아 [a]

い 이 [i]

う 우 [u]

え 에 [e]

お 오 [o]

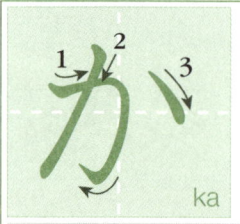
かお 얼굴
ka o

ka

▶ 말 첫머리에서는 「가」와 「카」 중간 발음, 말 중간이나 끝에서는 「까」에 가깝게 발음.

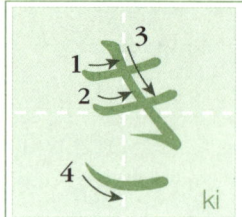
かき 감
ka ki

ki

▶ 말 첫머리에서는 「기」와 「키」 중간 발음, 말 중간이나 끝에서는 「끼」에 가깝게 발음.

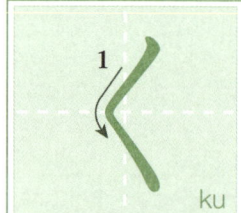
きく 국화
ki ku

ku

▶ 말 첫머리에서는 「구」와 「쿠」 중간 발음, 말 중간이나 끝에서는 「꾸」에 가깝게 발음.

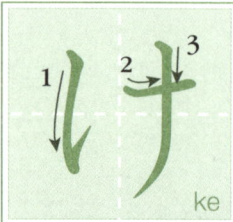
いけ 연못
i ke

ke

▶ 말 첫머리에서는 「게」와 「케」 중간 발음, 말 중간이나 끝에서는 「께」에 가깝게 발음.

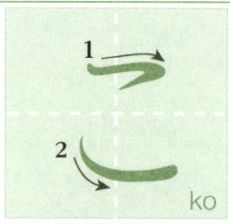
こえ 목소리
ko e

ko

▶ 말 첫머리에서는 「고」와 「코」 중간 발음, 말 중간이나 끝에서는 「꼬」에 가깝게 발음.

히라가나 청음

か カ [ka]	か か か か か か か か か か
き キ [ki]	き き き き き き き き き き
く 쿠 [ku]	く く く く く く く く く く
け 케 [ke]	け け け け け け け け け け
こ 코 [ko]	こ こ こ こ こ こ こ こ こ こ

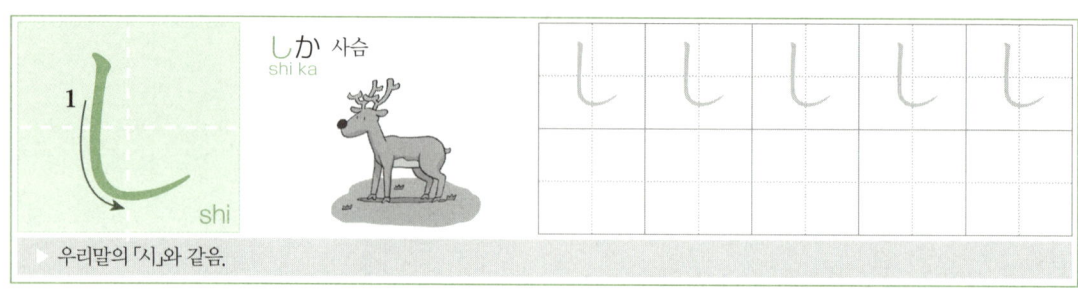

히라가나 청음

▶ 말 첫머리에서는 「다」와 「타」 중간 발음, 말 중간이나 끝에서는 「따」에 가깝게 발음.

▶ 말 첫머리에서는 「지」와 「치」 중간 발음, 말 중간이나 끝에서는 「찌」에 가깝게 발음.

▶ 우리말의 「츠」와 「쓰」 중간 발음.

▶ 말 첫머리에서는 「데」와 「테」 중간 발음, 말 중간이나 끝에서는 「떼」에 가깝게 발음.

▶ 말 첫머리에서는 「도」와 「토」 중간 발음, 말 중간이나 끝에서는 「또」에 가깝게 발음.

た
타 [ta]

たたたたたたたたたた

ち
치 [chi]

ちちちちちちちちちち

つ
츠 [tsu]

つつつつつつつつつつ

て
테 [te]

てててててててててて

と
토 [to]

とととととととととと

な行

なす 가지
na su

na

▶ 우리말의 「나」와 같음.

かに 게
ka ni

ni

▶ 우리말의 「니」와 같음.

いぬ 개
i nu

nu

▶ 우리말의 「누」와 같음.

ねこ 고양이
ne ko

ne

▶ 우리말의 「네」와 같음.

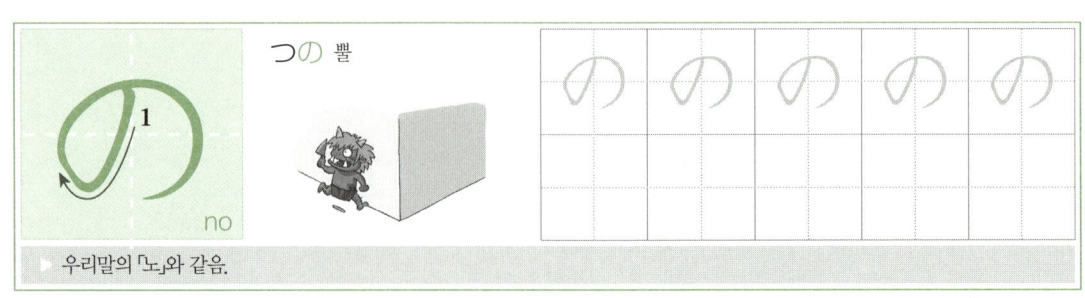

つの 뿔

no

▶ 우리말의 「노」와 같음.

히라가나 청음

| な 나 [na] |
| に 니 [ni] |
| ぬ 누 [nu] |
| ね 네 [ne] |
| の 노 [no] |

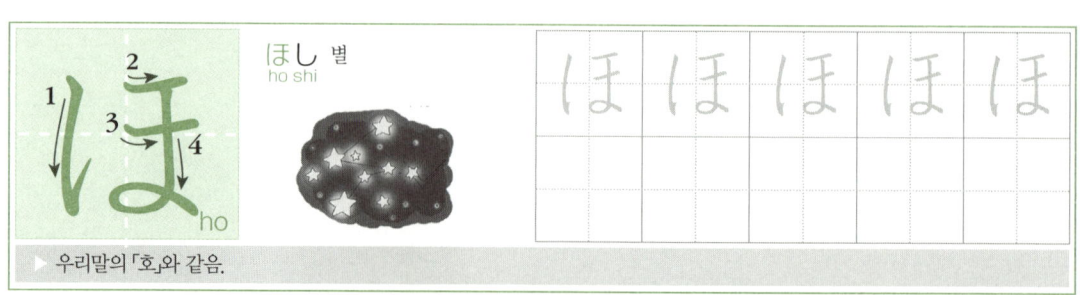

히라가나 청음

| は 하 [ha] |
| ひ 히 [hi] |
| ふ 후 [fu] |
| へ 헤 [he] |
| ほ 호 [ho] |

▶ 우리말의 「마」와 같음.

▶ 우리말의 「미」와 같음.

▶ 우리말의 「무」와 같음.

▶ 우리말의 「메」와 같음.

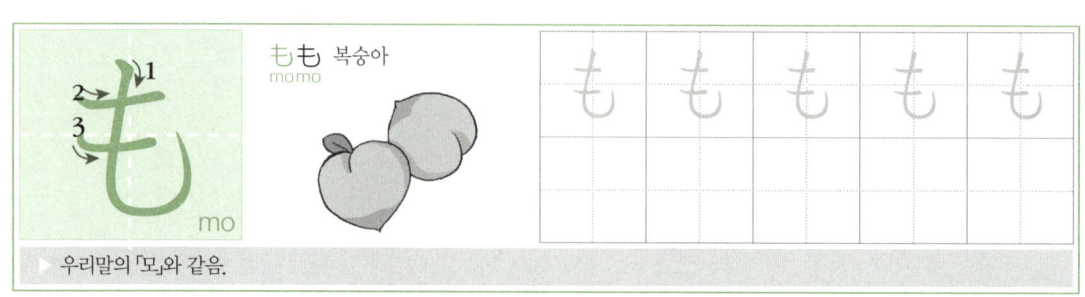

▶ 우리말의 「모」와 같음.

히라가나 청음

ま	마 [ma]
み	미 [mi]
む	무 [mu]
め	메 [me]
も	모 [mo]

▶ 우리말의 「야」와 같음.

▶ 우리말의 「유」와 같음.

▶ 우리말의 「요」와 같음.

히라가나 청음

や	や や や や や や や や や や
야 [ya]	

ゆ	ゆ ゆ ゆ ゆ ゆ ゆ ゆ ゆ ゆ ゆ
유 [yu]	

よ	よ よ よ よ よ よ よ よ よ よ
요 [yo]	

▶ 우리말의 「라」와 같음.

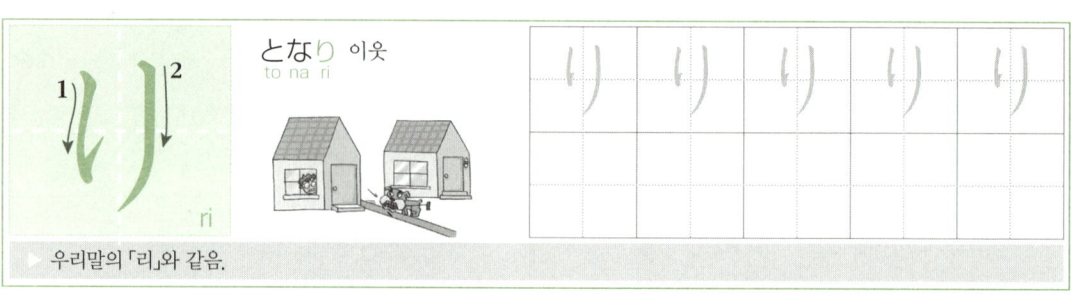

▶ 우리말의 「리」와 같음.

▶ 우리말의 「루」와 「르」의 중간 발음.

▶ 우리말의 「레」와 같음.

▶ 우리말의 「로」와 같음.

히라가나 청음

| ら 라 [ra] | ら | ら | ら | ら | ら | ら | ら | ら | ら |

| り 리 [ri] | り | り | り | り | り | り | り | り | り |

| る 루 [ru] | る | る | る | る | る | る | る | る | る |

| れ 레 [re] | れ | れ | れ | れ | れ | れ | れ | れ | れ |

| ろ 로 [ro] | ろ | ろ | ろ | ろ | ろ | ろ | ろ | ろ | ろ |

▶ 우리말의 「와」와 같음.

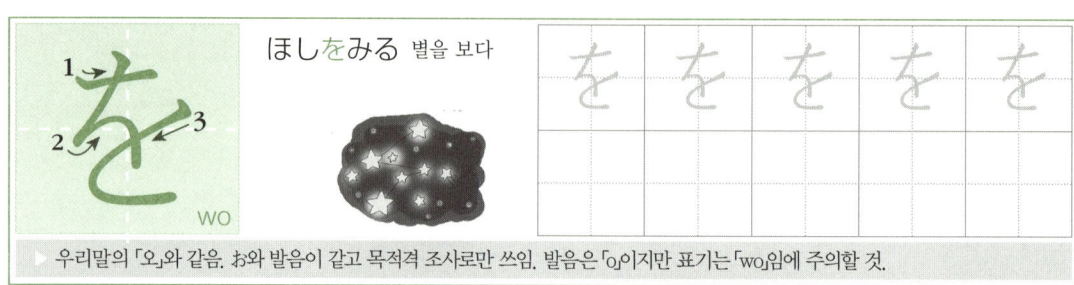

▶ 우리말의 「오」와 같음. お와 발음이 같고 목적격 조사로만 쓰임. 발음은 「o」이지만 표기는 「wo」임에 주의할 것.

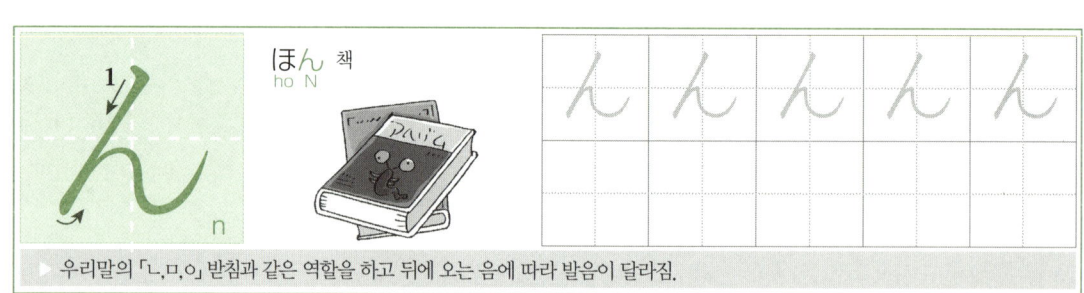

▶ 우리말의 「ㄴ,ㅁ,ㅇ」받침과 같은 역할을 하고 뒤에 오는 음에 따라 발음이 달라짐.

히라가나 청음

| わ 와 [wa] | わ | わ | わ | わ | わ | わ | わ | わ | わ |

| を 오 [wo] | を | を | を | を | を | を | を | を | を |

| ん ㄴ, ㅁ, ㅇ [n] | ん | ん | ん | ん | ん | ん | ん | ん | ん |

| く ku | く | | | | | |
| へ he | へ | | | | | |

| い i | い | | | | | |
| り ri | り | | | | | |

| こ ko | こ | | | | | |
| に ni | に | | | | | |

| き ki | き | | | | | |
| さ sa | さ | | | | | |

| し shi | し | | | | | |
| つ tsu | つ | | | | | |

| た ta | た | | | | | |
| な na | な | | | | | |

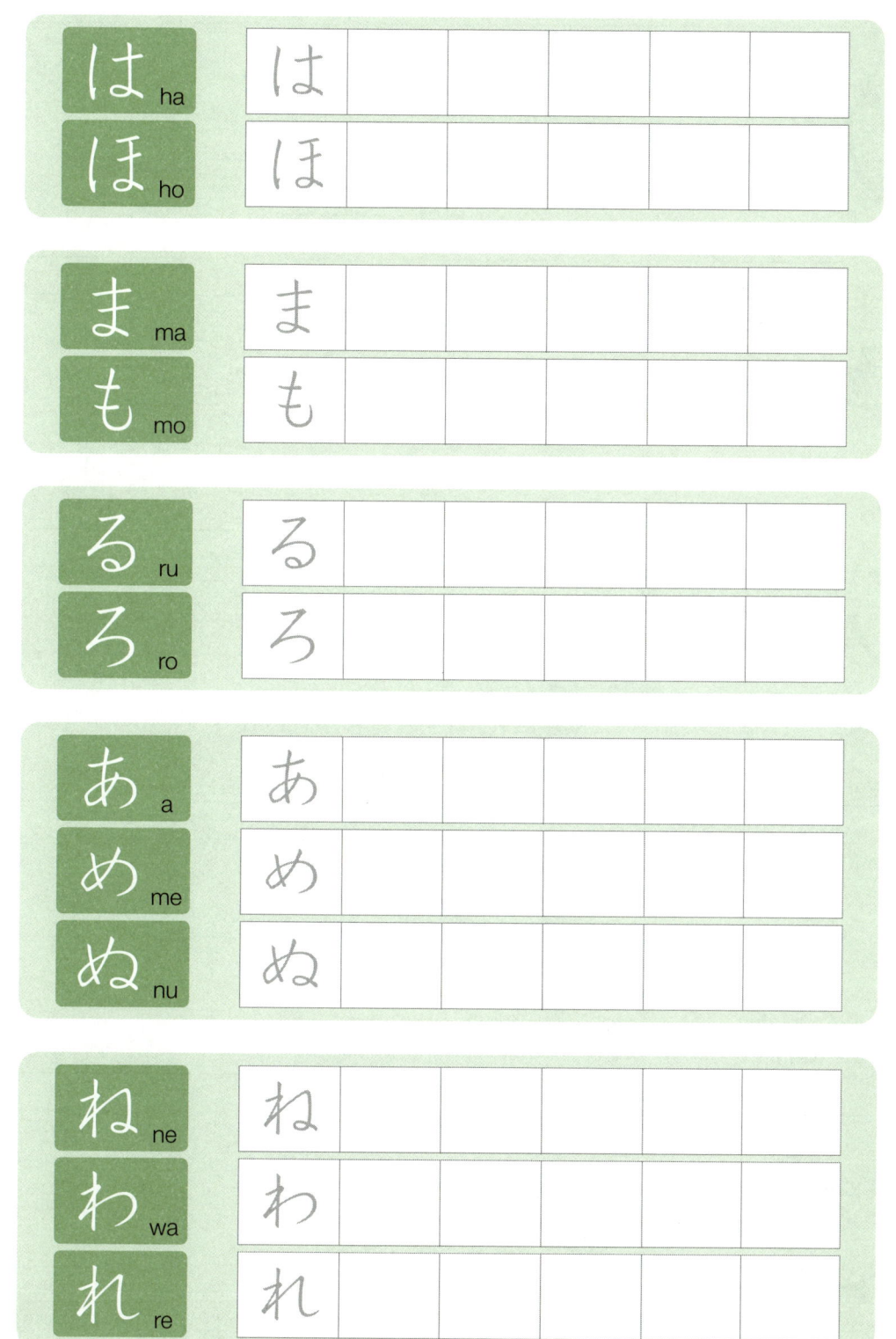

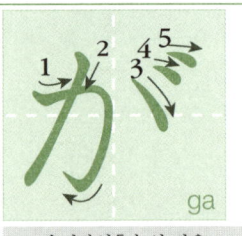 けが 상처
ke ga

がががが が

ga

▶ 우리말의 「가」와 같음.

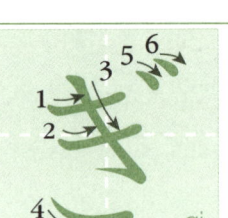 かぎ 열쇠
ka gi

ぎぎぎぎぎ

gi

▶ 우리말의 「기」와 같음.

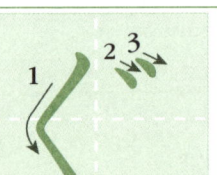 かぐ 가구
ka gu

ぐぐぐぐぐ

gu

▶ 우리말의 「구」와 같음.

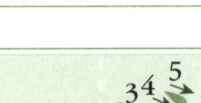 かげ 그림자
ka ge

げげげげげ

ge

▶ 우리말의 「게」와 같음.

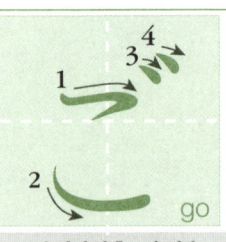 ごはん 밥
go ha n

ごごごごご

go

▶ 우리말의 「고」와 같음.

34

히라가나 탁음

| が | が | が | が | が | が | が | が | が | が |

가 [ga]

| ぎ | ぎ | ぎ | ぎ | ぎ | ぎ | ぎ | ぎ | ぎ | ぎ |

기 [gi]

| ぐ | ぐ | ぐ | ぐ | ぐ | ぐ | ぐ | ぐ | ぐ | ぐ |

구 [gu]

| げ | げ | げ | げ | げ | げ | げ | げ | げ | げ |

게 [ge]

| ご | ご | ご | ご | ご | ご | ご | ご | ご | ご |

고 [go]

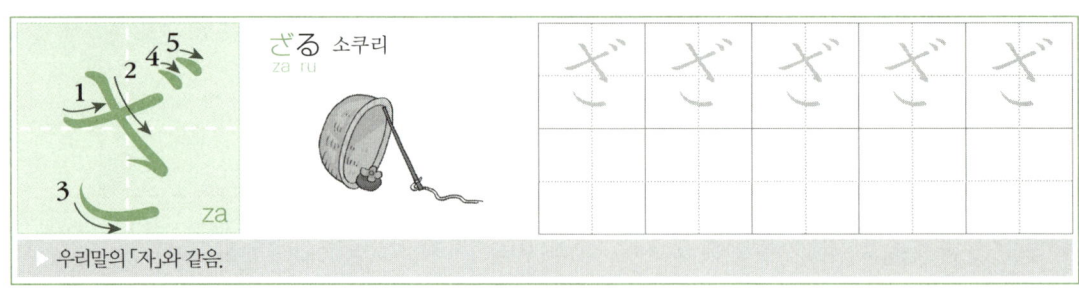

▶ 우리말의 「자」와 같음.

▶ 우리말의 「지」와 같음.

▶ 우리말의 「즈」와 같음.

▶ 우리말의 「제」와 같음.

▶ 우리말의 「조」와 같음.

히라가나 탁음

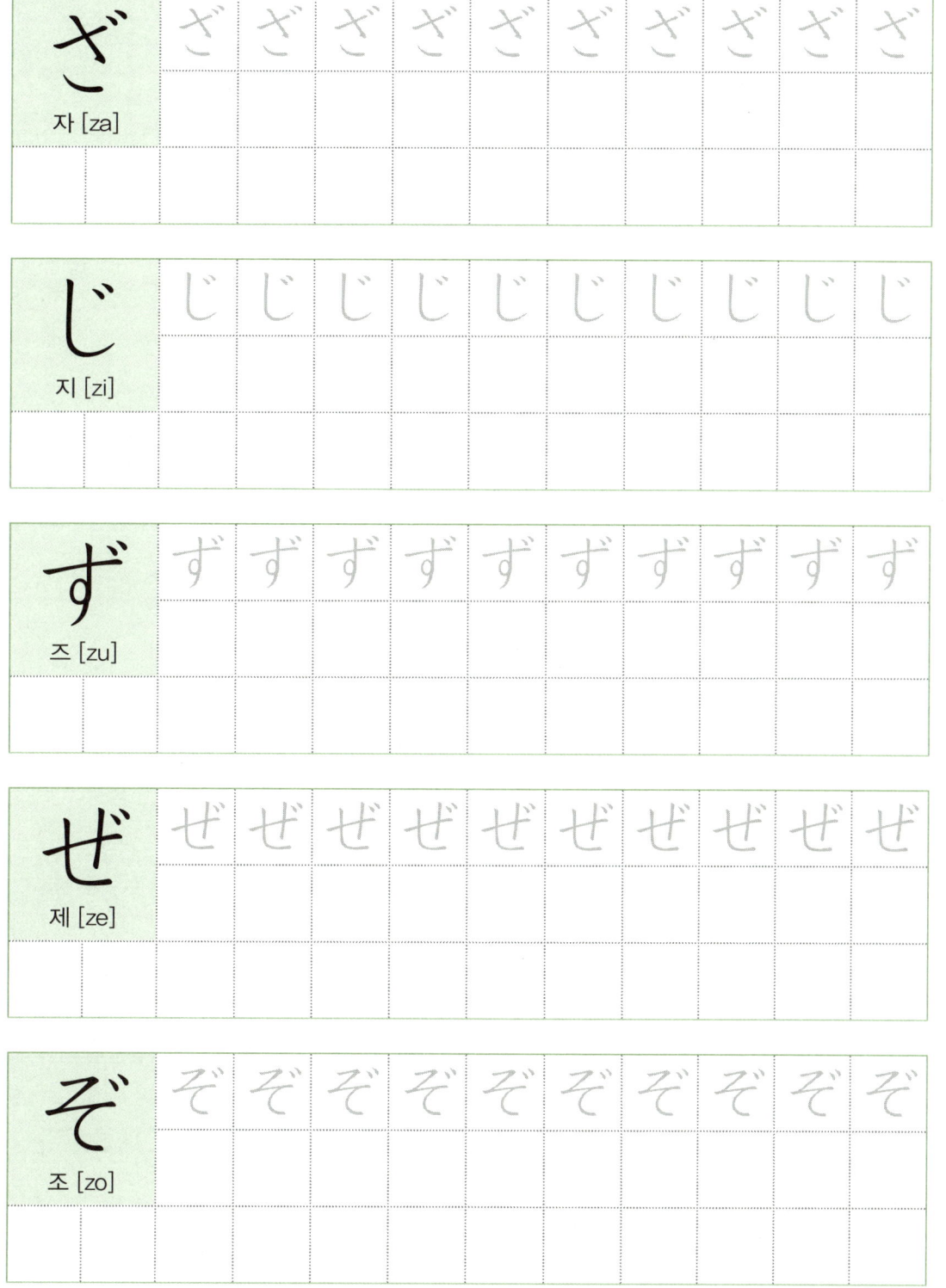

▶ 우리말의 「다」와 같음.

▶ 우리말의 「지」와 같음.

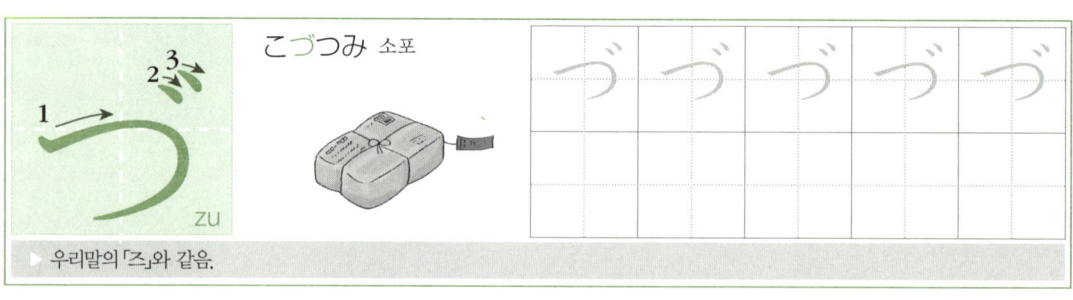

▶ 우리말의 「즈」와 같음.

▶ 우리말의 「데」와 같음.

▶ 우리말의 「도」와 같음.

히라가나 탁음

だ
다 [da]

ぢ
지 [ji]

づ
즈 [zu]

で
데 [de]

ど
도 [do]

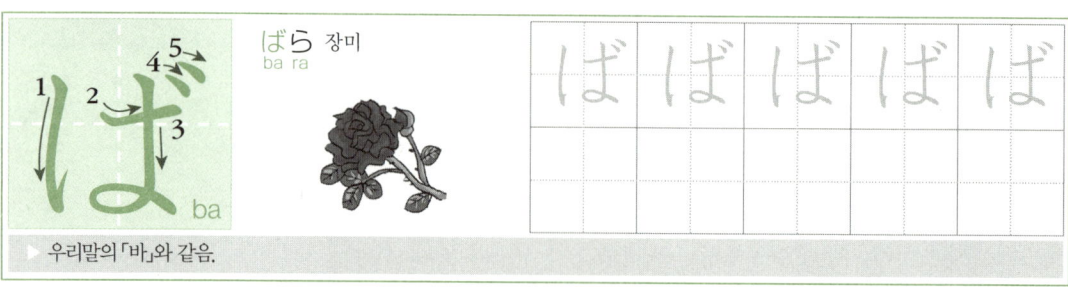

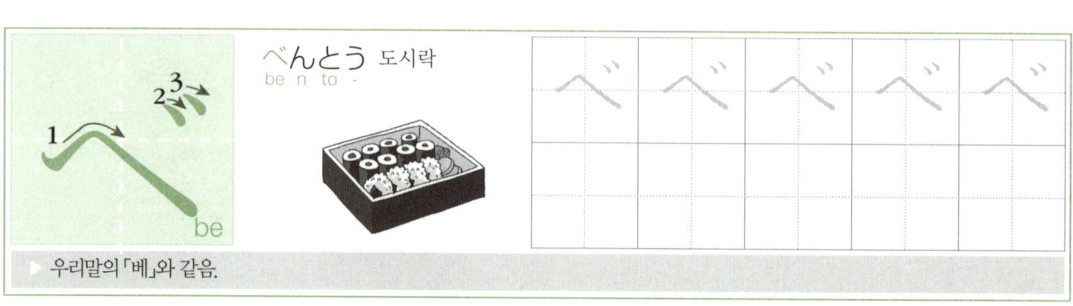

히라가나 탁음

ば 바 [ba]

び 비 [bi]

ぶ 부 [bu]

べ 베 [be]

ぼ 보 [bo]

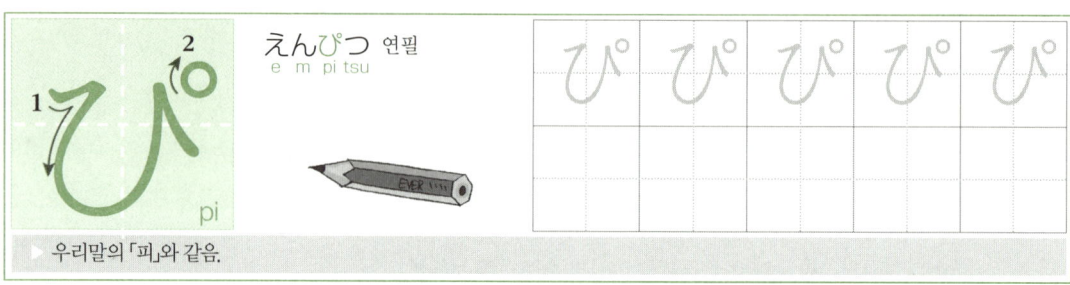

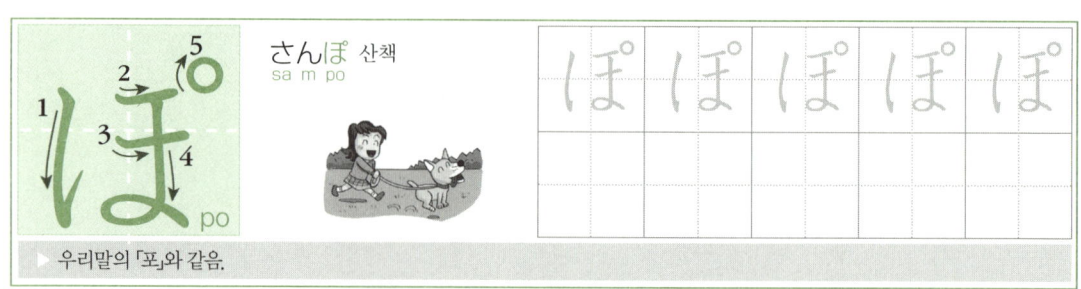

히라가나 반탁음

| ぱ 파 [pa] |
| ぴ 피 [pi] |
| ぷ 푸 [pu] |
| ぺ 페 [pe] |
| ぽ 포 [po] |

요음이란, 「い단」 글자 중에서 「い」를 제외한 「き・ぎ・し・じ・ち・ぢ・に・ひ・び・ぴ・み・り」 옆에 반모음인 「や・ゆ・よ」를 조그맣게 표기한 것입니다.

| きゃ kya |
| きゅ kyu |
| きょ kyo |
| きゃ kya |
| きゅ kyu |
| きょ kyo |

히라가나 요음

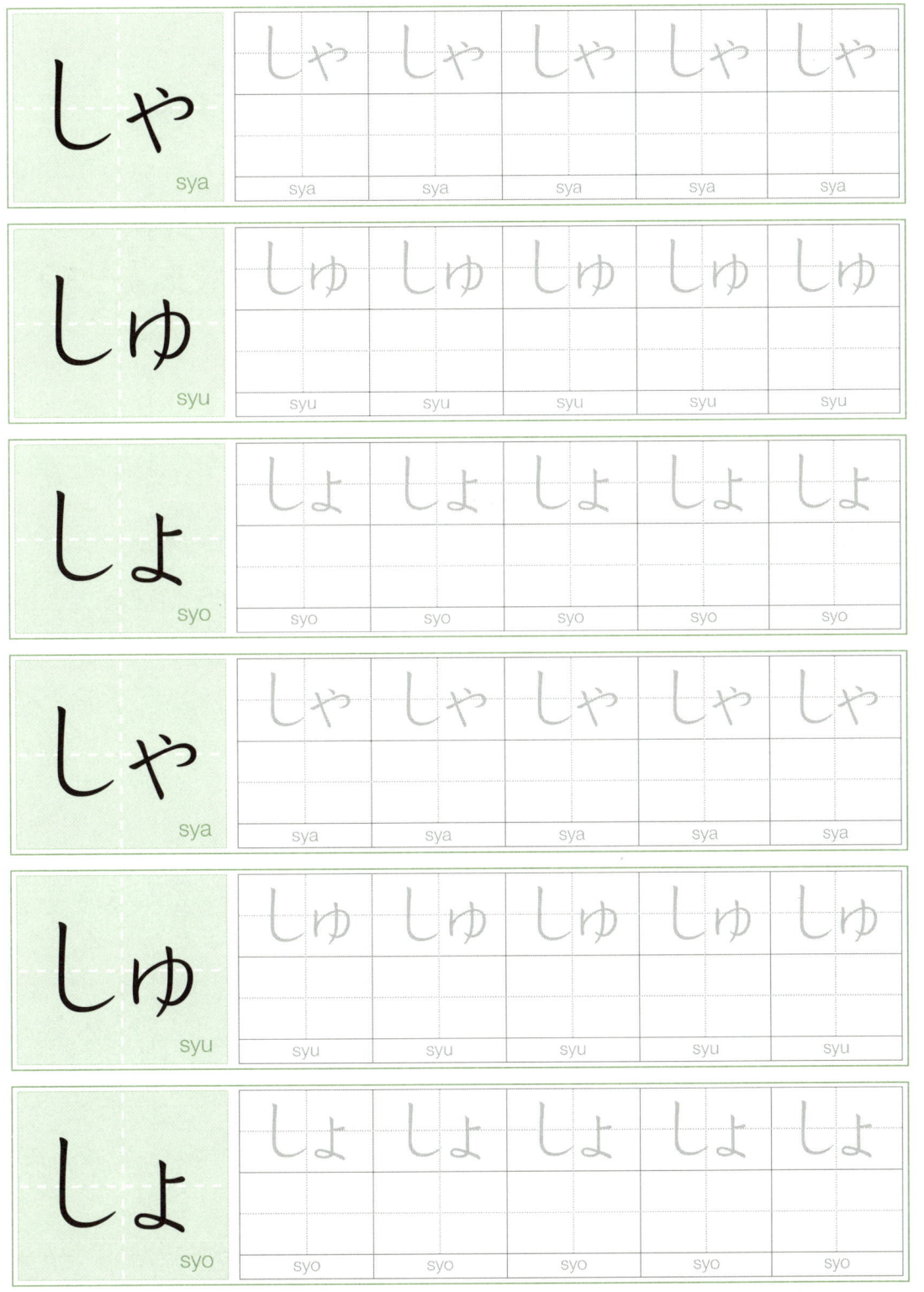

ちゃ chya	ちゃ	ちゃ	ちゃ	ちゃ	ちゃ
	chya	chya	chya	chya	chya

ちゅ chyu	ちゅ	ちゅ	ちゅ	ちゅ	ちゅ
	chyu	chyu	chyu	chyu	chyu

ちょ chyo	ちょ	ちょ	ちょ	ちょ	ちょ
	chyo	chyo	chyo	chyo	chyo

ちゃ chya	ちゃ	ちゃ	ちゃ	ちゃ	ちゃ
	chya	chya	chya	chya	chya

ちゅ chyu	ちゅ	ちゅ	ちゅ	ちゅ	ちゅ
	chyu	chyu	chyu	chyu	chyu

ちょ chyo	ちょ	ちょ	ちょ	ちょ	ちょ
	chyo	chyo	chyo	chyo	chyo

히라가나 요음

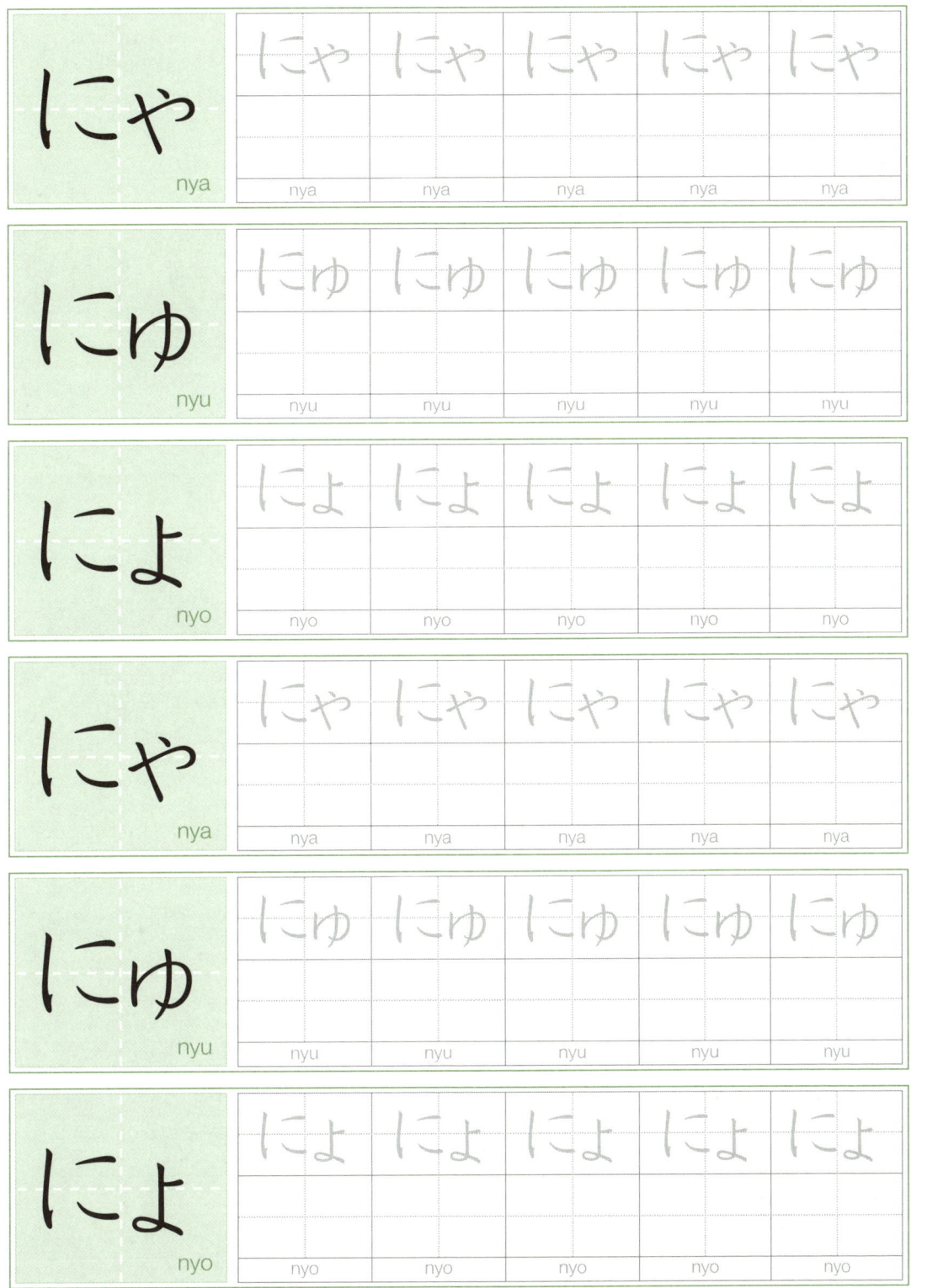

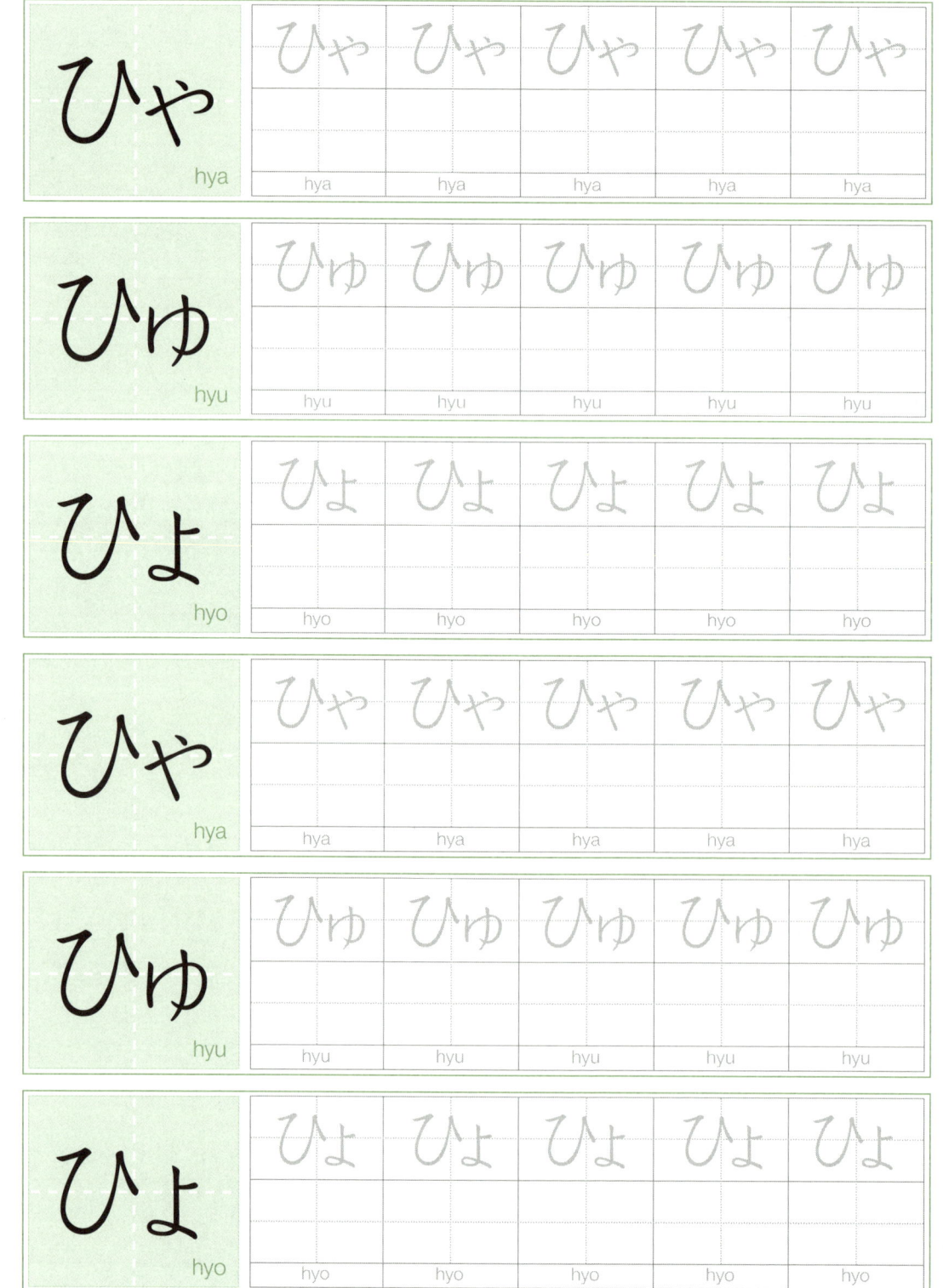

히라가나 요음

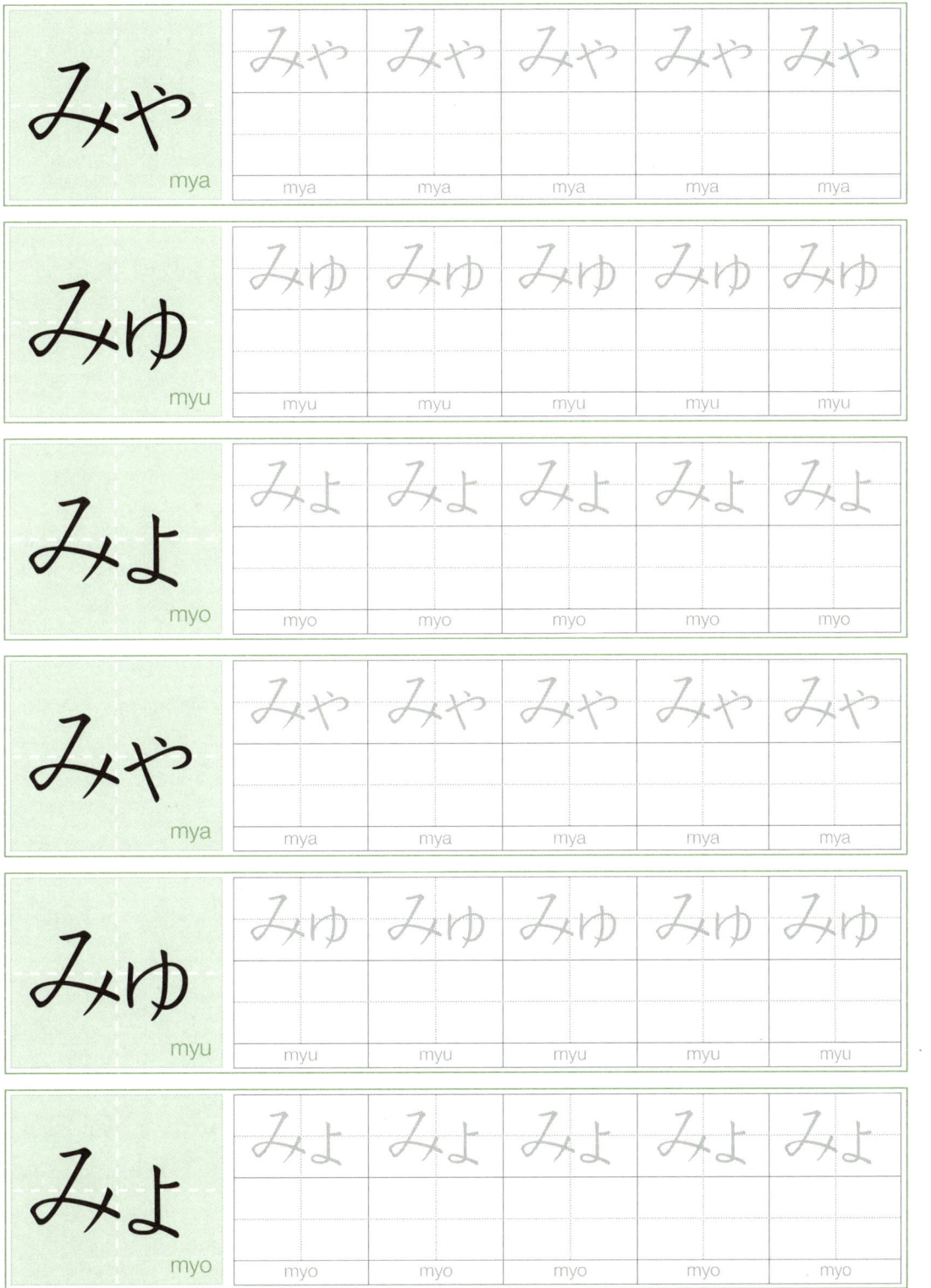

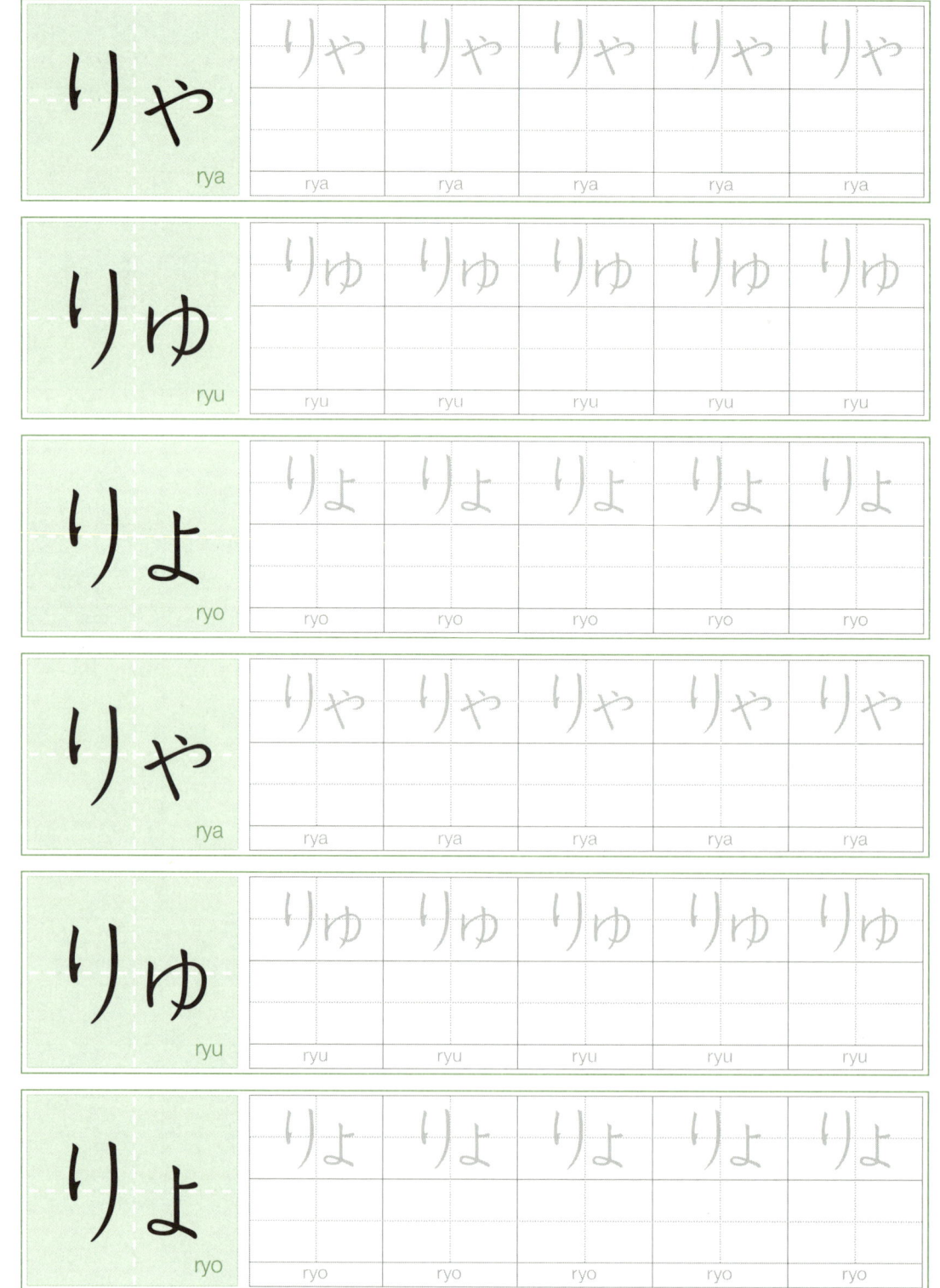

히라가나 요음

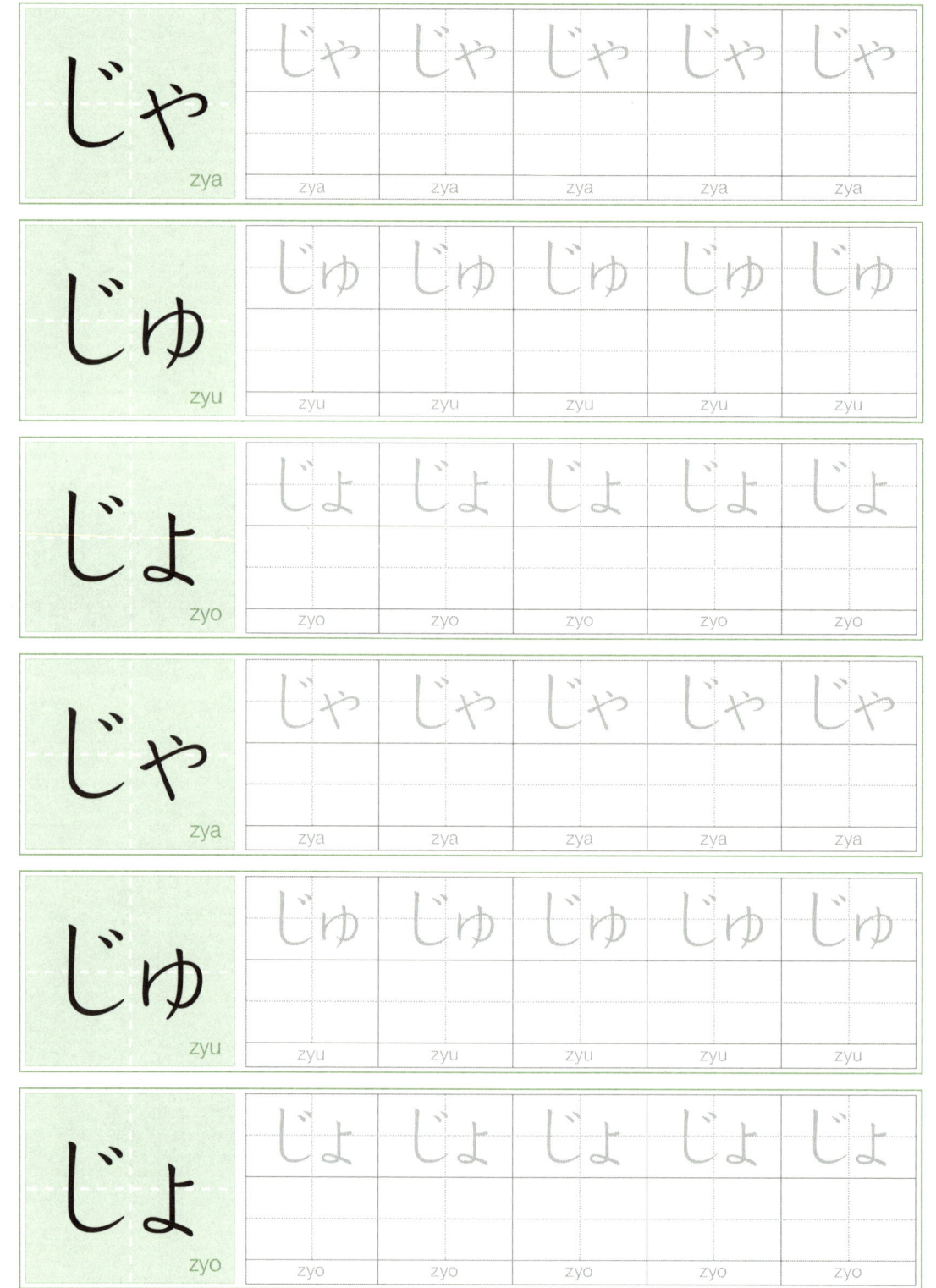

히라가나 요음

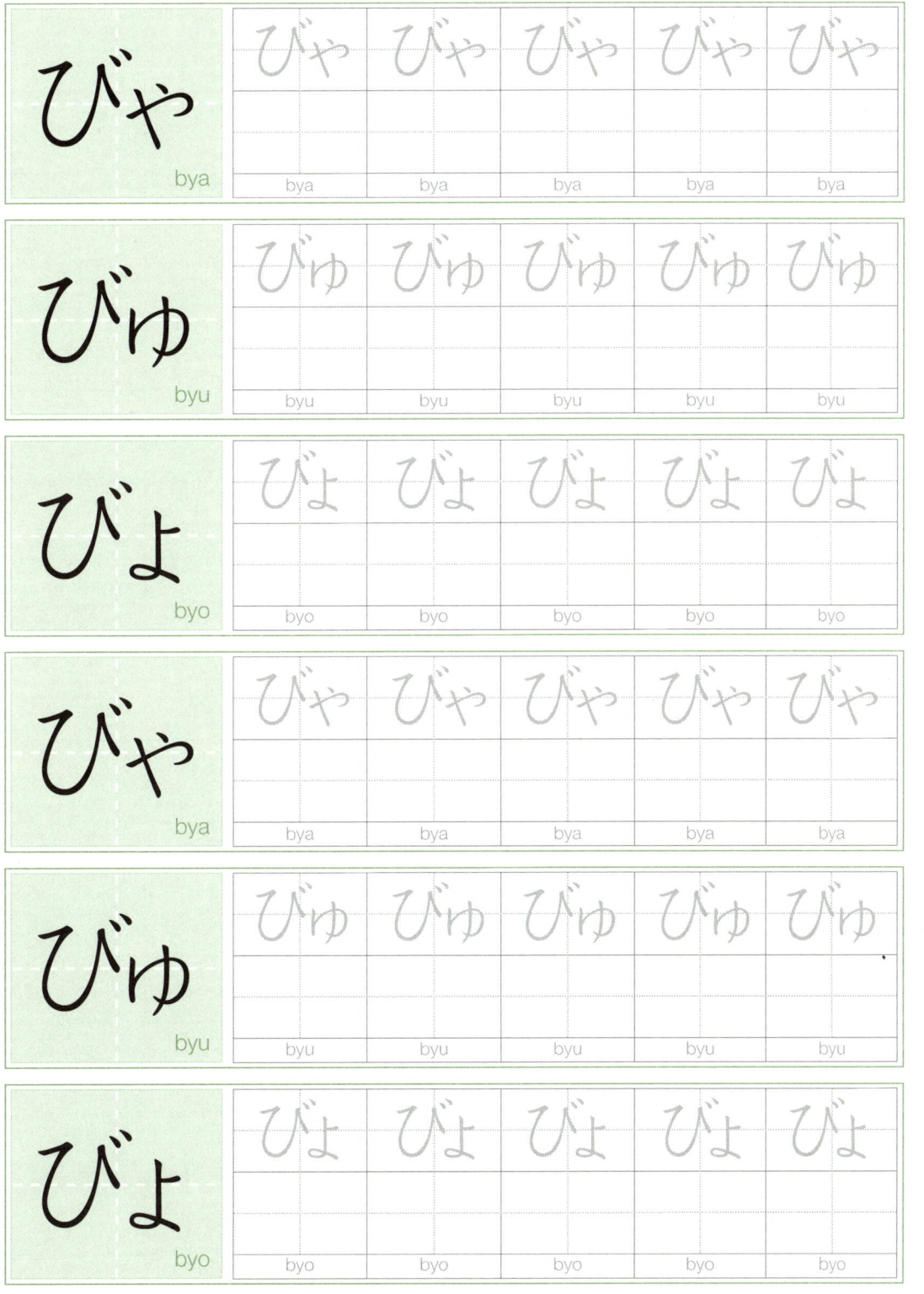

히라가나 요음

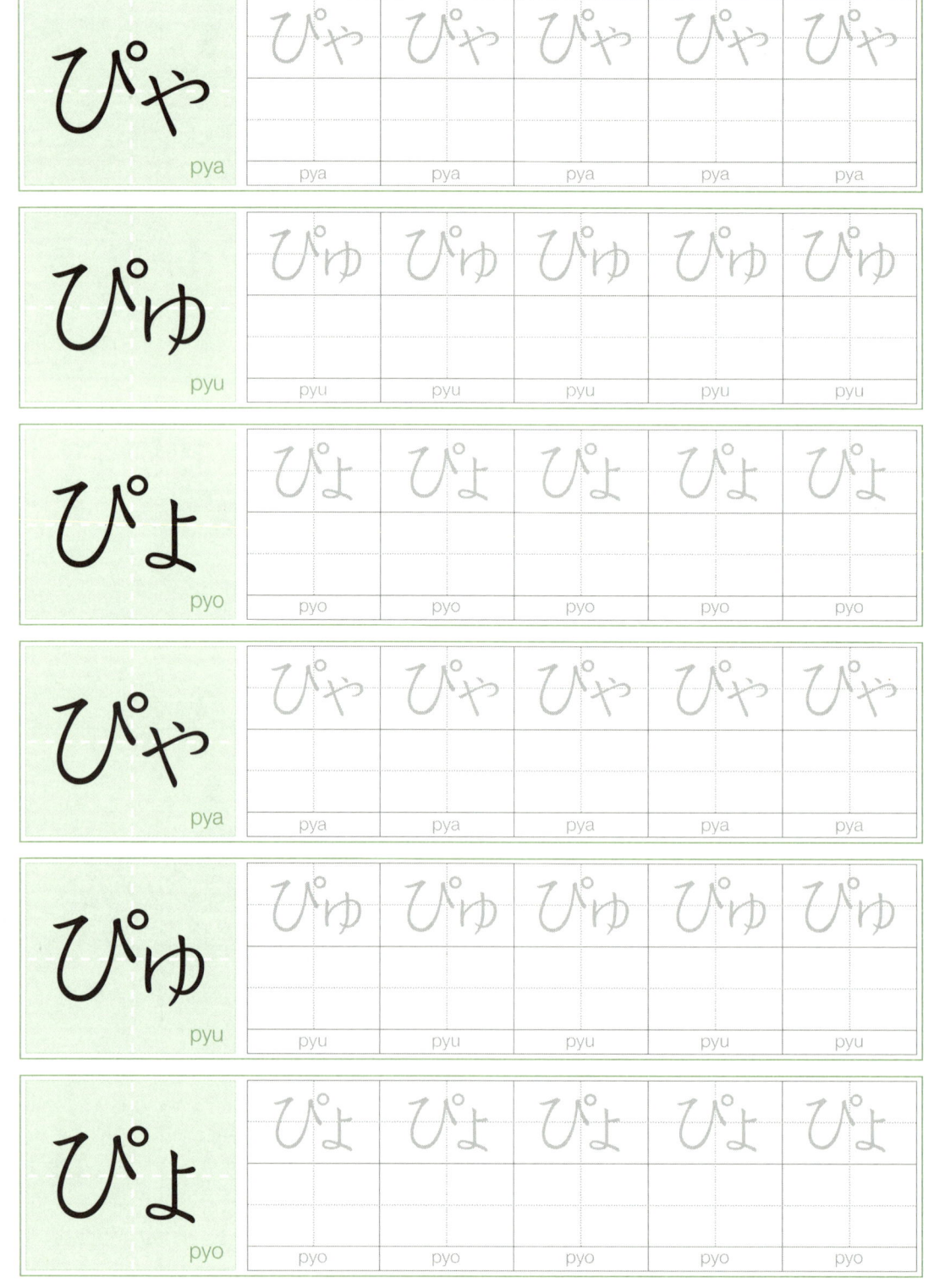

 써보기

단\행	あ행	か행	さ행	た행	な행	は행	ま행	や행	ら행	わ행	
あ단											
	a	ka	sa	ta	na	ha	ma	ya	ra	wa	n
い단											
	i	ki	shi	chi	ni	hi	mi		ri		
う단											
	u	ku	su	tsu	nu	fu	mu	yu	ru		
え단											
	e	ke	se	te	ne	he	me		re		
お단											
	o	ko	so	to	no	ho	mo	yo	ro	wo	

단\행	あ행	か행	さ행	た행	な행	は행	ま행	や행	ら행	わ행	
あ단											
	a	ka	sa	ta	na	ha	ma	ya	ra	wa	n
い단											
	i	ki	shi	chi	ni	hi	mi		ri		
う단											
	u	ku	su	tsu	nu	fu	mu	yu	ru		
え단											
	e	ke	se	te	ne	he	me		re		
お단											
	o	ko	so	to	no	ho	mo	yo	ro	wo	

촉음은 「つ」를 작게 써서 표기하며, 우리말의 받침과 같은 역할을 합니다.
※뒤에 오는 음에 따라 발음이 달라집니다.

1 　「っ」＋ か行　→　k「ㄱ」으로 발음

- いっかい(ikkai) 일 층
- いっこ(ikko) 한 개
- がっかり(gakkari) 실망함
- けっか(kekka) 결과
- せっけん(sekken) 비누
- てっけん(tekken) 철권

2 　「っ」＋ さ行　→　s「ㅅ」으로 발음

- ざっし(zasshi) 잡지
- さっそく(sassoku) 즉시
- べっせい(bessei) 별성(성을 따로 씀)
- こっそり(kossori) 몰래
- けっせき(kesseki) 결석
- けっしん(kesshin) 결심

3 　「っ」＋ た行　→　t「ㄷ」으로 발음

- きって(kitte) 우표
- あさって(asatte) 모레
- れっとう(retto-) 열도
- もっと(motto) 더, 더욱
- いったん(ittan) 일단
- けってい(kettei) 결정

4 　「っ」＋ ぱ行　→　p「ㅂ」으로 발음

- いっぱい(ippai) 가득
- しっぽ(shippo) 꼬리
- たっぷり(tappuri) 가득, 듬뿍
- しっぱい(shippai) 실패, 실수
- きっぷ(kippu) 표
- てっぱん(teppan) 철판

발음

발음인「ん」은 한자의 영향을 받아 생긴 것으로, 말의 첫 머리에는 쓰이지 않습니다. 우리말의「ㄴ, ㅁ, ㅇ」받침과 같은 역할을 합니다.
　※뒤에 오는 음에 따라 발음이 달라집니다.

1　ま、ば、ぱ行 앞에서는 m「ㅁ」으로 발음.

- けんぶつ (kembutsu) 구경
- しんぱい (shimpai) 걱정
- かんばん (kambaN) 간판
- さんま (samma) 꽁치
- えんぴつ (empitsu) 연필
- せんもん (semmoN) 전공, 전문

2　さ、ざ、た、だ、な、ら行 앞에서는 n「ㄴ」으로 발음.

- けんり (kenri) 권리
- あんない (annai) 안내
- れんらく (renraku) 연락
- しんせつ (shinsetsu) 친절
- はんたい (hantai) 반대
- もんだい (mondai) 문제

3　か、が行 앞에서는 ŋ「ㅇ」으로 발음.

- でんき (deŋki) 전기
- そんけい (soŋkei) 존경
- きんぎょ (kiŋgyo) 금붕어
- りんご (riŋgo) 사과
- うんが (uŋga) 운하
- みんかん (miŋkaN) 민간

4　あ、は、や、わ行 앞이나 단어의 맨 끝에서는 N「ㄴ과 ㅇ」중간 발음.

- にほん (nihoN) 일본
- おでん (odeN) 어묵
- ろくおん (rokuoN) 녹음
- ほんや (hoNya) 서점
- でんわ (deNwa) 전화
- ぜんいん (zeNiN) 전원

장음

장음은 같은 모음과 모음이 연달아 나올 때 발생하고, 읽을 때는 한 박자의 장음을 길게 늘여 두 박자로 발음한다. 주로 외래어 표기에 쓰이는 가타카나의 경우엔 장음을 「一」로 표기한다.

〈발음비교〉

おばあさん(oba-saN) 할머니   おばさん(obasaN) 아주머니

1 あ단 장음 → あ단 글자 + あ
- おかあさん (oka-saN) 엄마

2 い단 장음 → い단 글자 + い
- おにいさん (oni-saN) 오빠
- おじいさん (ozi-saN) 할아버지
- にいがた (ni-gata) 니가타(일본의 지명)
- ちいさい (chi-sai) 작다

3 う단 장음 → う단 글자 + う
- くうき (ku-ki) 공기
- ようじ (yo-zi) 이쑤시개
- ふうせん (fu-seN) 풍선
- つうしん (tsu-shiN) 통신

4 え단 장음 → え단 글자 + え、い (한자어일 경우)
- おねえさん (one-saN) 언니
- すいえい (suie-) 수영
- せんせい (sense-) 선생님
- へいせい (he-se-) 헤이세이(일본의 연호)

5 お단 장음 → お단 글자 + う、お
- びょういん (byo-iN) 병원
- とおい (to-i) 멀다
- おとうさん (oto-saN) 아빠
- おおさか (o-saka) 오사카(일본의 지명)

カタカナ

가타카나

アイロン 다리미
a i ro n

▶ 우리말의「아」와 같음.

イルカ 돌고래
i ru ka

▶ 우리말의「이」와 같음.

ウイスキー 위스키
u i su ki -

▶ 우리말의「우」와 같음.

エアコン 에어컨
e a ko n

▶ 우리말의「에」와 같음.

オムレツ 오믈렛
o mu re tsu

▶ 우리말의「오」와 같음.

가타카나 청음

ア	ア ア ア ア ア ア ア ア ア
아 [a]	

イ	イ イ イ イ イ イ イ イ イ
이 [i]	

ウ	ウ ウ ウ ウ ウ ウ ウ ウ ウ
우 [u]	

エ	エ エ エ エ エ エ エ エ エ
에 [e]	

オ	オ オ オ オ オ オ オ オ オ
오 [o]	

カ行

カメラ 카메라
ka me ra

ka

▶ 말 첫머리에서는 「가」와 「카」 중간 발음, 말 중간이나 끝에서는 「까」에 가깝게 발음.

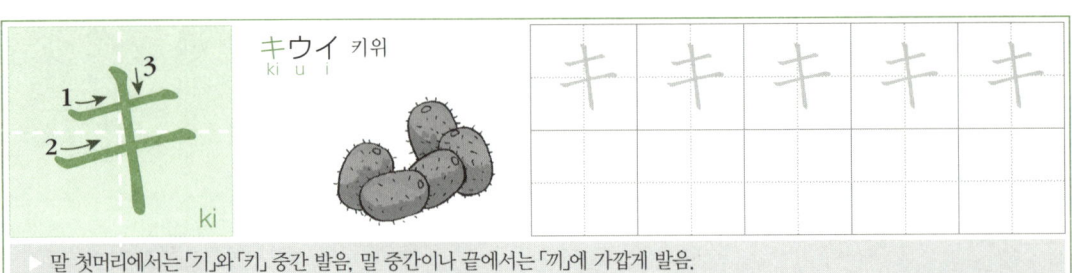

キウイ 키위
ki u i

ki

▶ 말 첫머리에서는 「기」와 「키」 중간 발음, 말 중간이나 끝에서는 「끼」에 가깝게 발음.

ミルク 우유
mi ru ku

ku

▶ 말 첫머리에서는 「구」와 「쿠」 중간 발음, 말 중간이나 끝에서는 「꾸」에 가깝게 발음.

ケーキ 케이크
ke - ki

ke

▶ 말 첫머리에서는 「게」와 「케」 중간 발음, 말 중간이나 끝에서는 「께」에 가깝게 발음.

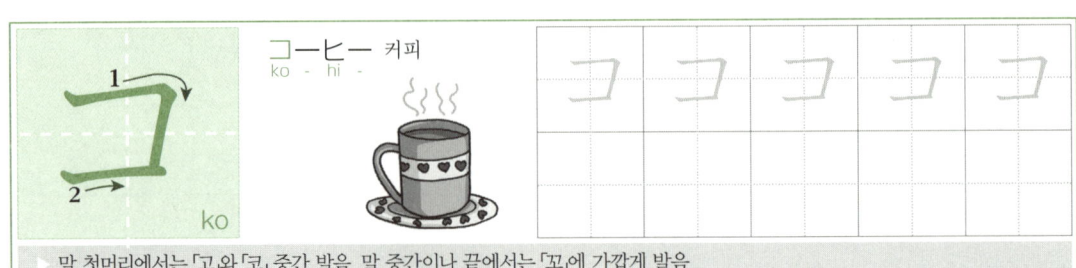

コーヒー 커피
ko - hi -

ko

▶ 말 첫머리에서는 「고」와 「코」 중간 발음, 말 중간이나 끝에서는 「꼬」에 가깝게 발음.

가타카나 청음

| カ 카 [ka] | カ | カ | カ | カ | カ | カ | カ | カ | カ | カ |

| キ 키 [ki] | キ | キ | キ | キ | キ | キ | キ | キ | キ | キ |

| ク 쿠 [ku] | ク | ク | ク | ク | ク | ク | ク | ク | ク | ク |

| ケ 케 [ke] | ケ | ケ | ケ | ケ | ケ | ケ | ケ | ケ | ケ | ケ |

| コ 코 [ko] | コ | コ | コ | コ | コ | コ | コ | コ | コ | コ |

▶ 우리말의「사」와 같음.

▶ 우리말의「시」와 같음.

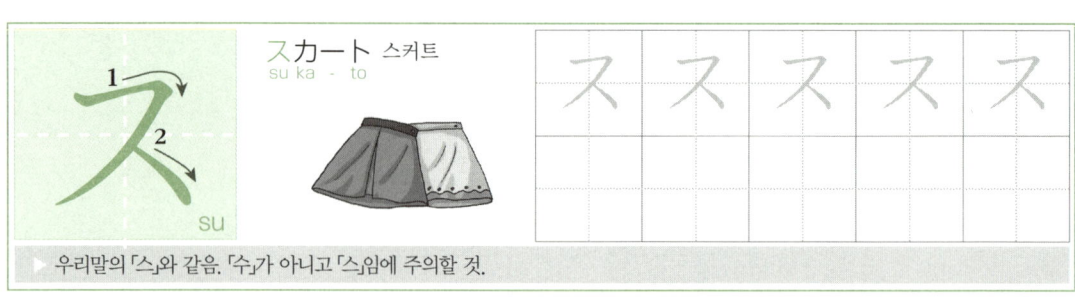

▶ 우리말의「스」와 같음.「수」가 아니고「스」임에 주의할 것.

▶ 우리말의「세」와 같음.

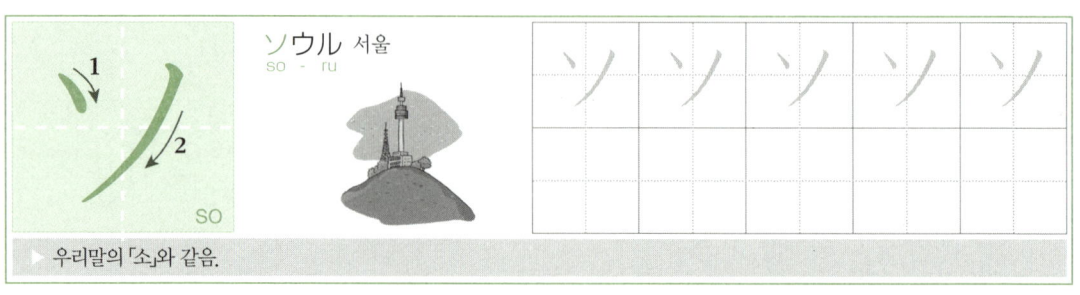

▶ 우리말의「소」와 같음.

가타카나 청음

| サ 사 [sa] |
| シ 시 [shi] |
| ス 스 [su] |
| セ 세 [se] |
| ソ 소 [so] |

タ行

▶ 말 첫머리에서는「다」와「타」중간 발음, 말 중간이나 끝에서는「따」에 가깝게 발음.

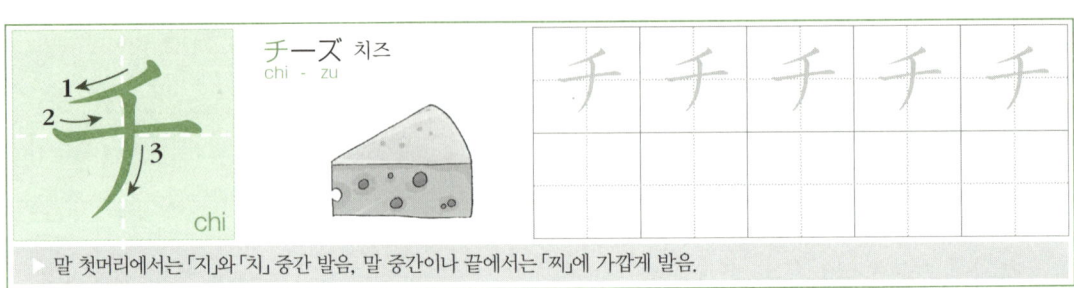

▶ 말 첫머리에서는「지」와「치」중간 발음, 말 중간이나 끝에서는「찌」에 가깝게 발음.

▶ 우리말의「츠」와「쓰」중간 발음.

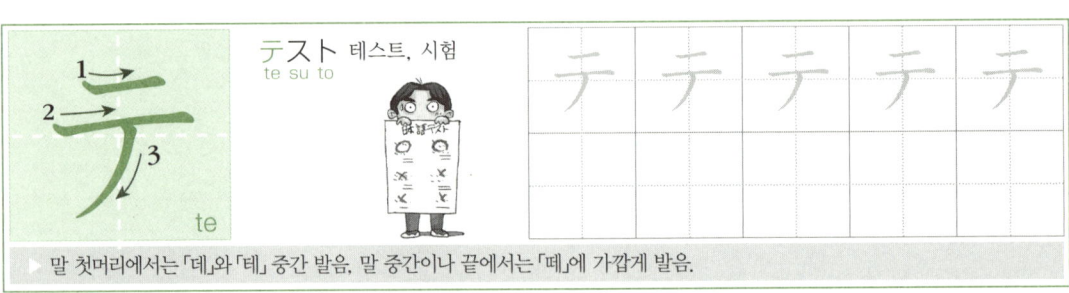

▶ 말 첫머리에서는「데」와「테」중간 발음, 말 중간이나 끝에서는「떼」에 가깝게 발음.

▶ 말 첫머리에서는「도」와「토」중간 발음, 말 중간이나 끝에서는「또」에 가깝게 발음.

가타카나 청음

| タ 타 [ta] | タ | タ | タ | タ | タ | タ | タ | タ | タ |

| チ 치 [chi] | チ | チ | チ | チ | チ | チ | チ | チ | チ |

| ツ 츠 [tsu] | ツ | ツ | ツ | ツ | ツ | ツ | ツ | ツ | ツ |

| テ 테 [te] | テ | テ | テ | テ | テ | テ | テ | テ | テ |

| ト 토 [to] | ト | ト | ト | ト | ト | ト | ト | ト | ト |

ナ行

ナ na
ナイフ 나이프, 칼
na i fu
▶ 우리말의 「나」와 같음.

ニ ni
テニス 테니스
te ni su
▶ 우리말의 「니」와 같음.

ヌ nu
カヌー 카누
ka nu -
▶ 우리말의 「누」와 같음.

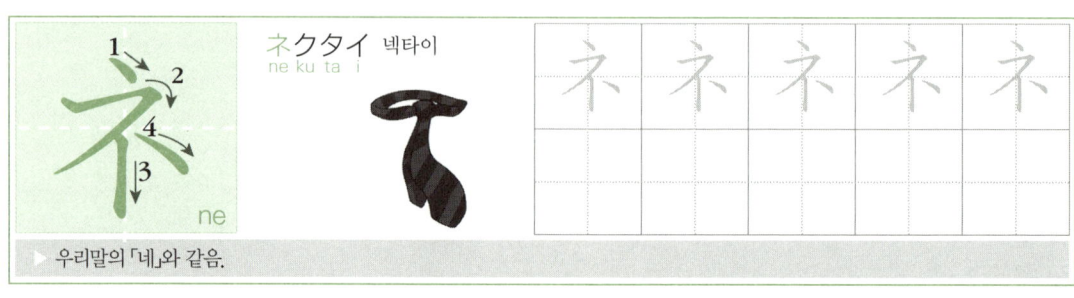

ネ ne
ネクタイ 넥타이
ne ku ta i
▶ 우리말의 「네」와 같음.

ノ no
ノート 노트
no - to
▶ 우리말의 「노」와 같음.

가타카나 청음

| ナ 나 [na] |
| ニ 니 [ni] |
| ヌ 누 [nu] |
| ネ 네 [ne] |
| ノ 노 [no] |

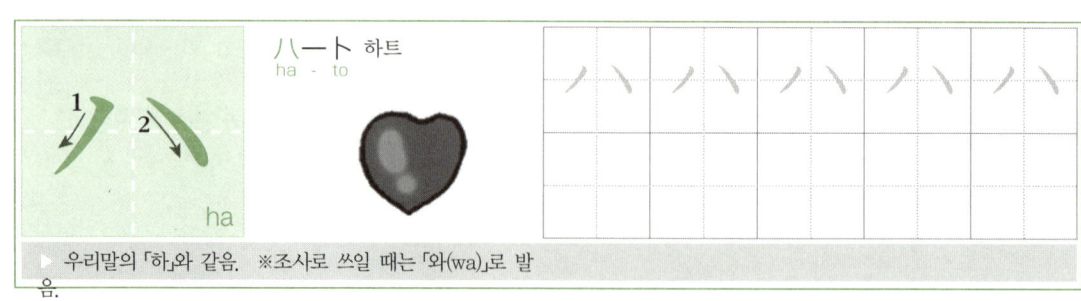

▶ 우리말의 「하」와 같음. ※조사로 쓰일 때는 「와(wa)」로 발음.

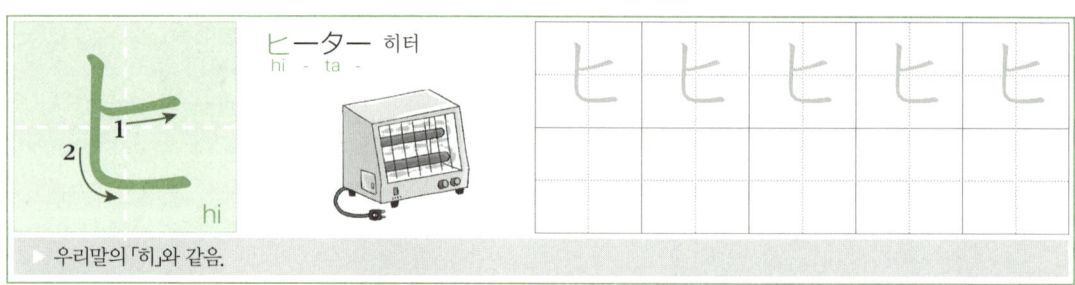

▶ 우리말의 「히」와 같음.

▶ 우리말의 「후」와 「흐」의 중간 발음.

▶ 우리말의 「헤」와 같음. ※조사로 쓰일 때는 「에(e)」로 발음.

▶ 우리말의 「호」와 같음.

가타카나 청음

ハ										
하 [ha]	ハ	ハ	ハ	ハ	ハ	ハ	ハ	ハ	ハ	ハ

ヒ										
히 [hi]	ヒ	ヒ	ヒ	ヒ	ヒ	ヒ	ヒ	ヒ	ヒ	ヒ

フ										
후 [fu]	フ	フ	フ	フ	フ	フ	フ	フ	フ	フ

ヘ										
헤 [he]	ヘ	ヘ	ヘ	ヘ	ヘ	ヘ	ヘ	ヘ	ヘ	ヘ

ホ										
호 [ho]	ホ	ホ	ホ	ホ	ホ	ホ	ホ	ホ	ホ	ホ

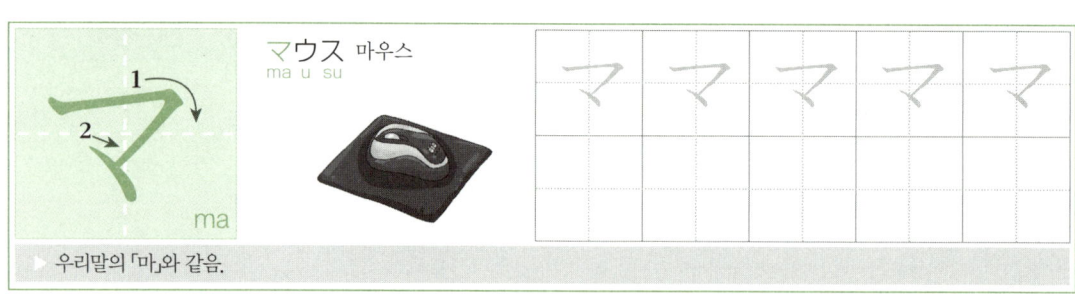

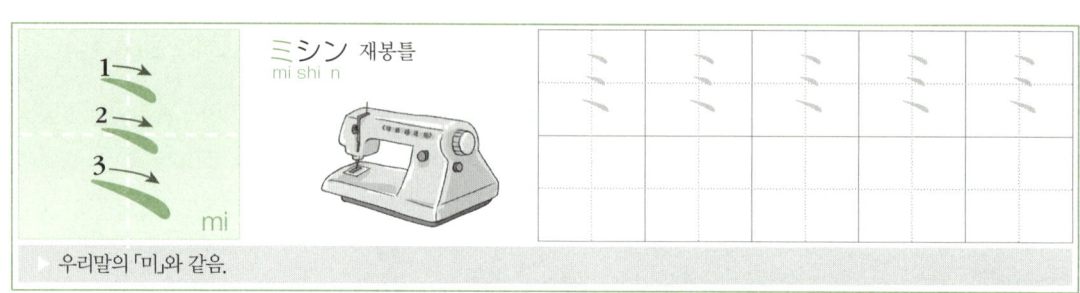

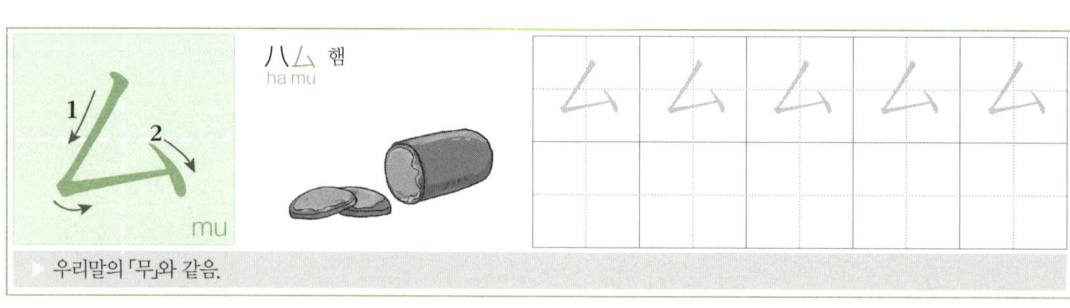

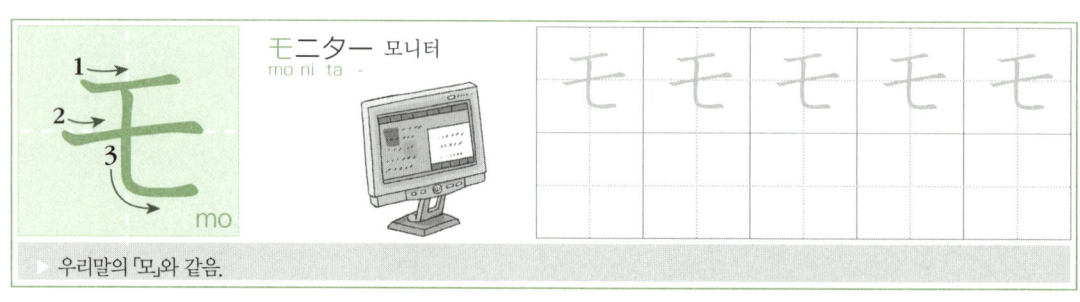

가타카나 청음

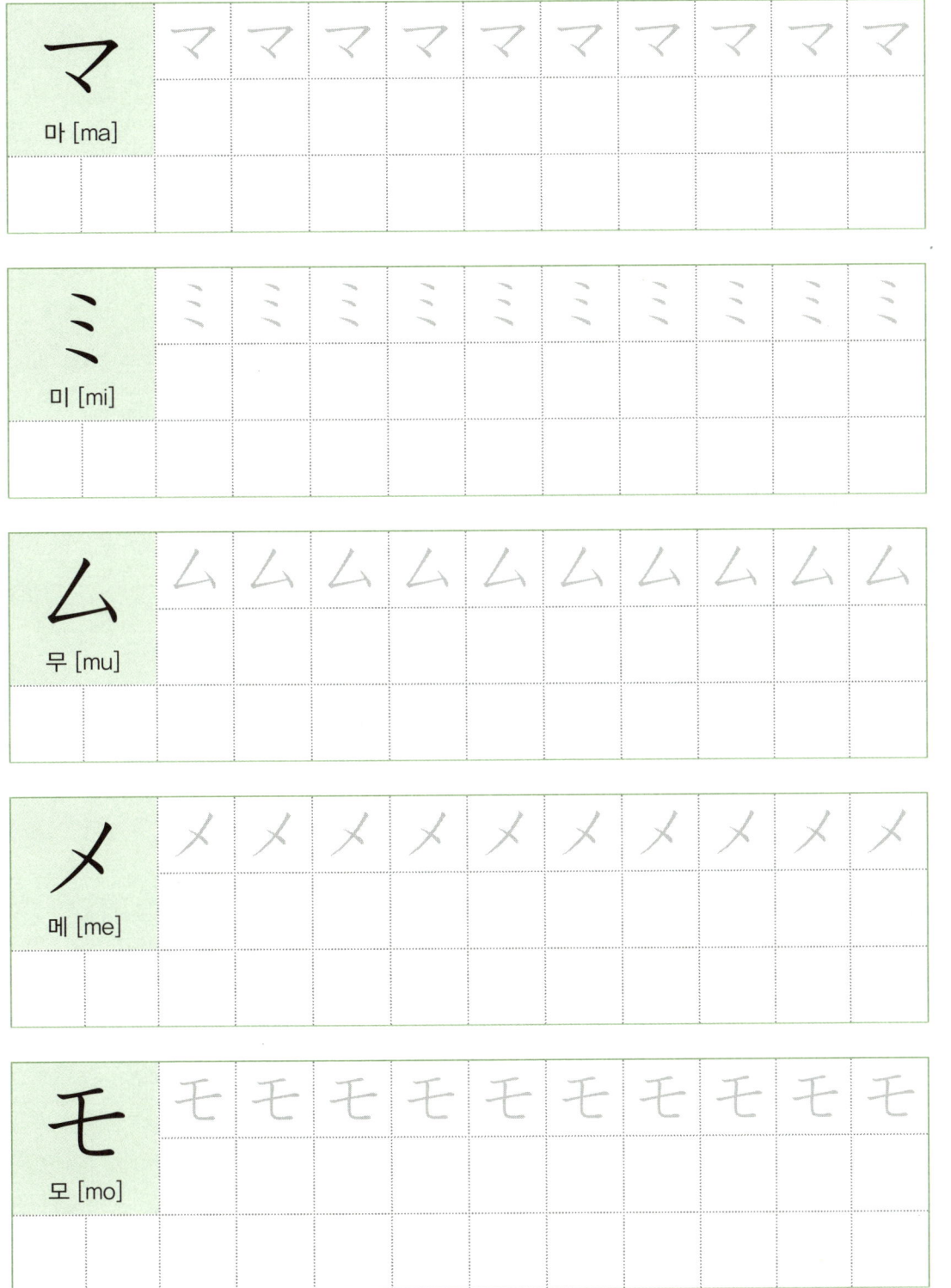

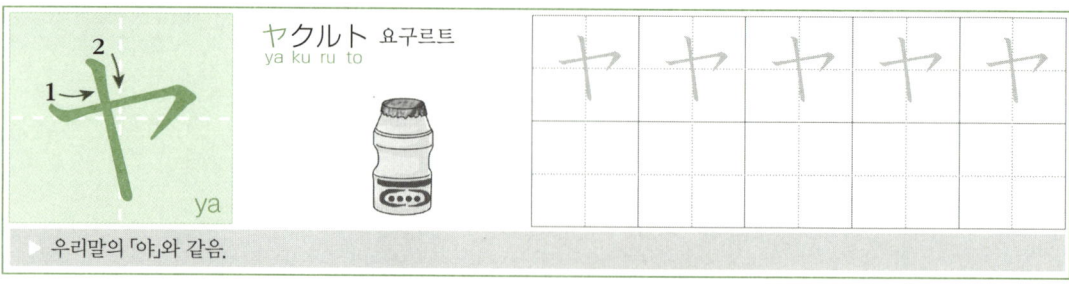

▶ 우리말의 「야」와 같음.

▶ 우리말의 「유」와 같음.

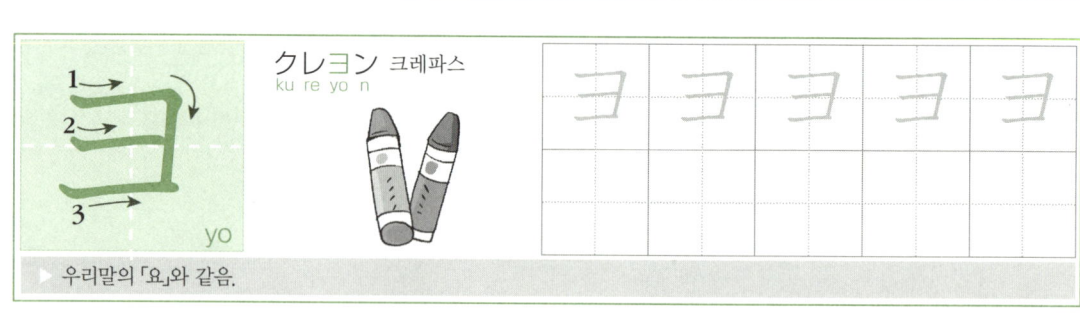

▶ 우리말의 「요」와 같음.

가타카나 청음

| ヤ 야 [ya] | ヤ | ヤ | ヤ | ヤ | ヤ | ヤ | ヤ | ヤ | ヤ | ヤ |

| ユ 유 [yu] | ユ | ユ | ユ | ユ | ユ | ユ | ユ | ユ | ユ | ユ |

| ヨ 요 [yo] | ヨ | ヨ | ヨ | ヨ | ヨ | ヨ | ヨ | ヨ | ヨ | ヨ |

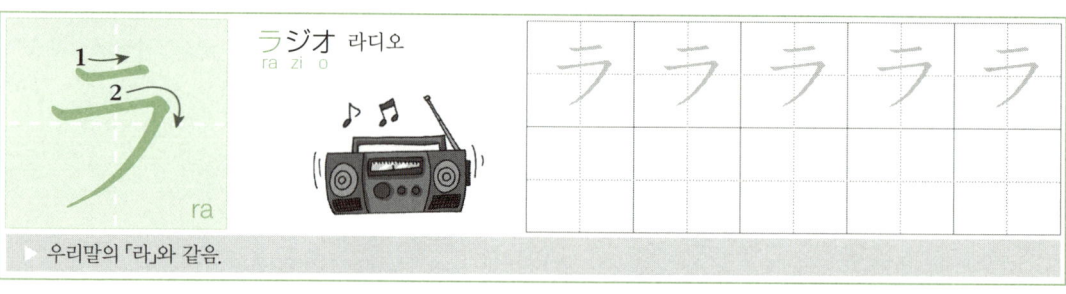

▶ 우리말의 「라」와 같음.

▶ 우리말의 「리」와 같음.

▶ 우리말의 「루」와 「르」의 중간 발음.

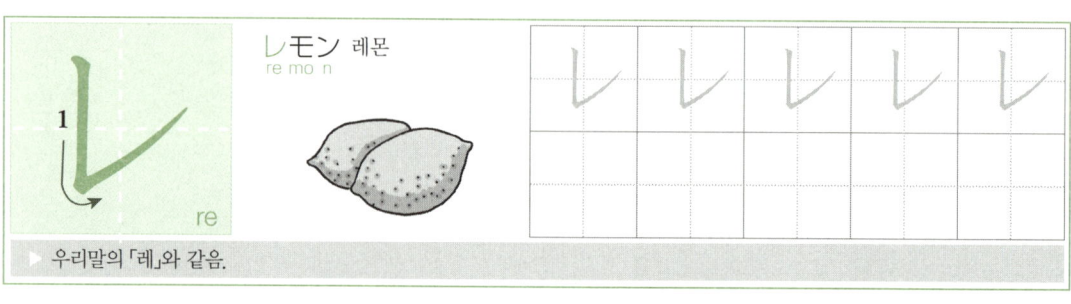

▶ 우리말의 「레」와 같음.

▶ 우리말의 「로」와 같음.

가타카나 청음

| ラ 라 [ra] | ラ | ラ | ラ | ラ | ラ | ラ | ラ | ラ | ラ | ラ |

| リ 리 [ri] | リ | リ | リ | リ | リ | リ | リ | リ | リ | リ |

| ル 루 [ru] | ル | ル | ル | ル | ル | ル | ル | ル | ル | ル |

| レ 레 [re] | レ | レ | レ | レ | レ | レ | レ | レ | レ | レ |

| ロ 로 [ro] | ロ | ロ | ロ | ロ | ロ | ロ | ロ | ロ | ロ | ロ |

▶ 우리말의 「와」와 같음.

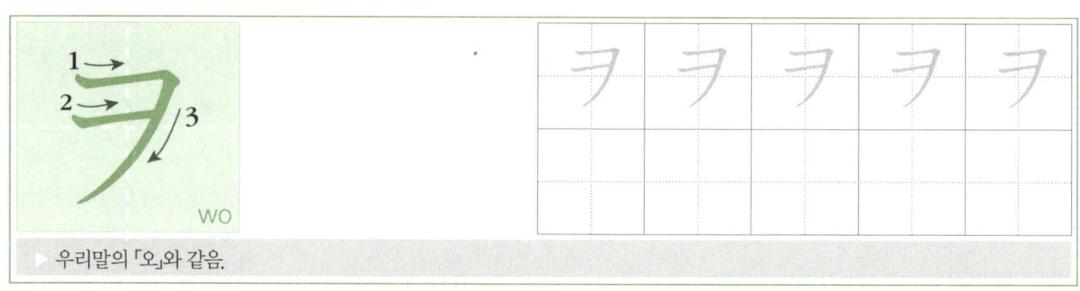

▶ 우리말의 「오」와 같음.

▶ 우리말의 「ㄴ,ㅁ,ㅇ」받침과 같은 역할을 하고 뒤에 오는 음에 따라 발음이 달라짐.

가타카나 청음

| ワ 와 [wa] | ワ | ワ | ワ | ワ | ワ | ワ | ワ | ワ | ワ |

| ヲ 오 [wo] | ヲ | ヲ | ヲ | ヲ | ヲ | ヲ | ヲ | ヲ | ヲ |

| ン ㄴ, ㅁ, ㅇ [n] | ン | ン | ン | ン | ン | ン | ン | ン | ン |

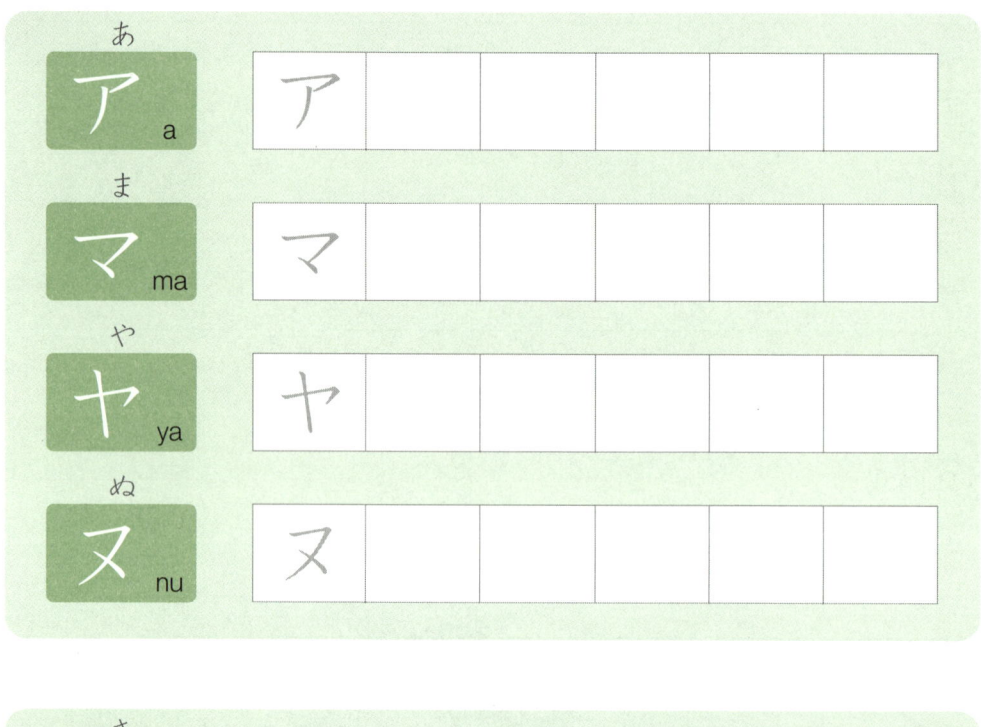

お オ o	オ					
ほ ホ ho	ホ					
ね ネ ne	ネ					

て テ te	テ					
ら ラ ra	ラ					
を ヲ wo	ヲ					

| さ サ sa | サ | | | | | |
| な ナ na | ナ | | | | | |

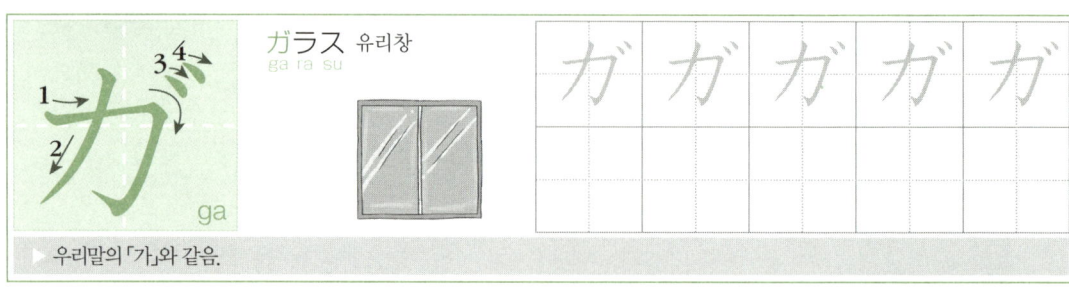

ガラス 유리창
ga ra su

▶ 우리말의 「가」와 같음.

ギター 기타
gi ta -

▶ 우리말의 「기」와 같음.

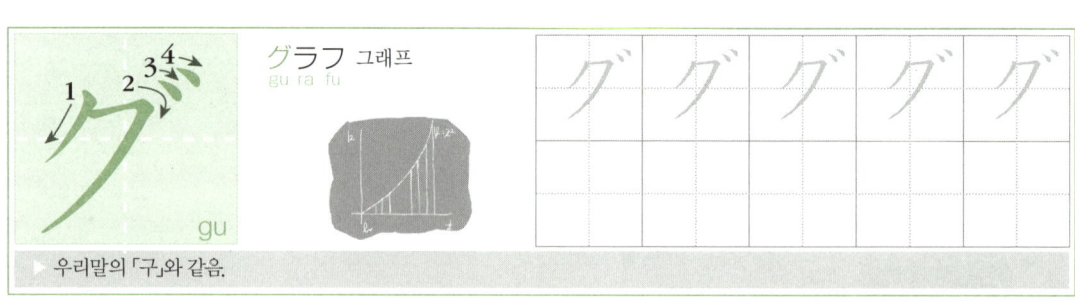

グラフ 그래프
gu ra fu

▶ 우리말의 「구」와 같음.

ゲーム 게임
ge - mu

▶ 우리말의 「게」와 같음.

ゴルフ 골프
go ru fu

▶ 우리말의 「고」와 같음.

가타카나 탁음

| ガ 가 [ga] |
| ギ 기 [gi] |
| グ 구 [gu] |
| ゲ 게 [ge] |
| ゴ 고 [go] |

▶ 우리말의 「자」와 같음.

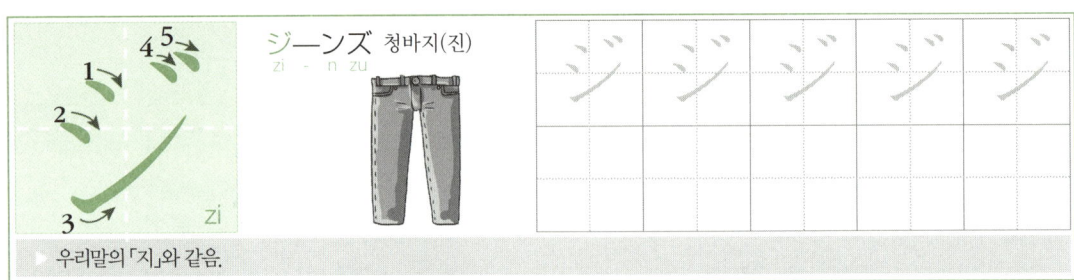

▶ 우리말의 「지」와 같음.

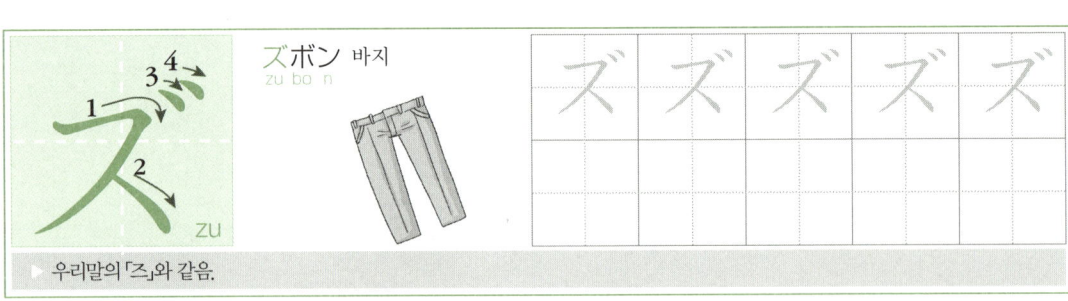

▶ 우리말의 「즈」와 같음.

▶ 우리말의 「제」와 같음.

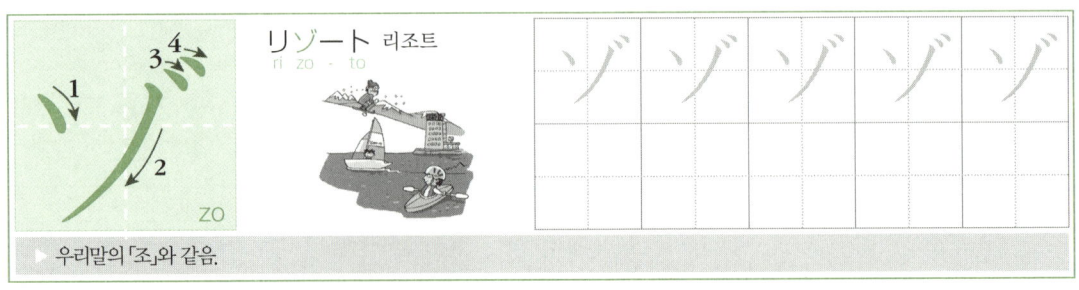

▶ 우리말의 「조」와 같음.

가타카나 탁음

| ザ 자 [za] |
| ジ 지 [zi] |
| ズ 즈 [zu] |
| ゼ 제 [ze] |
| ゾ 조 [zo] |

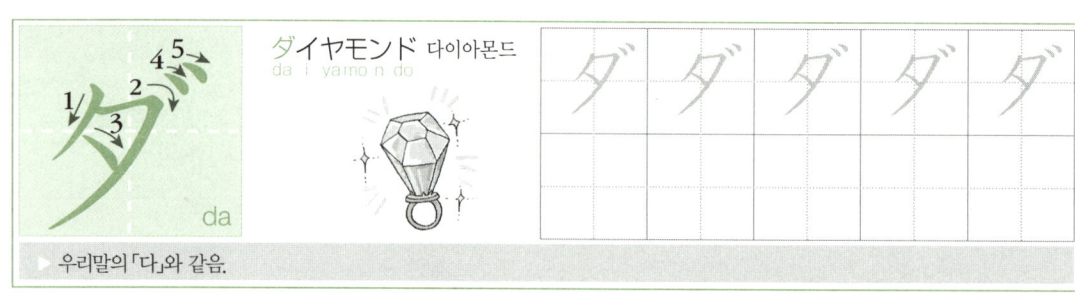

ダイヤモンド 다이아몬드
da i ya mo n do

▶ 우리말의 「다」와 같음.

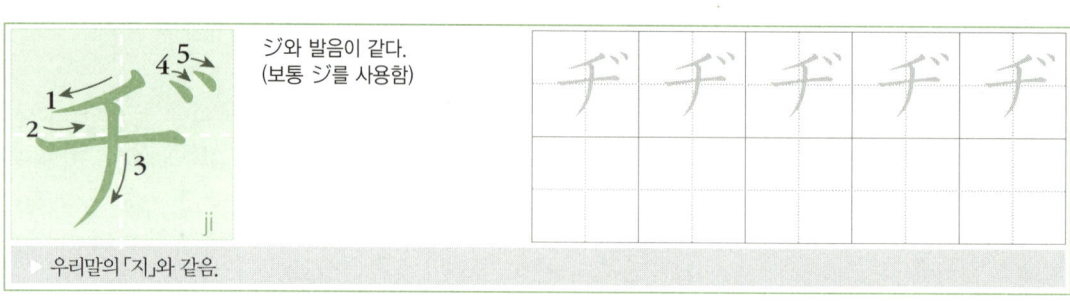

ジ와 발음이 같다.
(보통 ジ를 사용함)

▶ 우리말의 「지」와 같음.

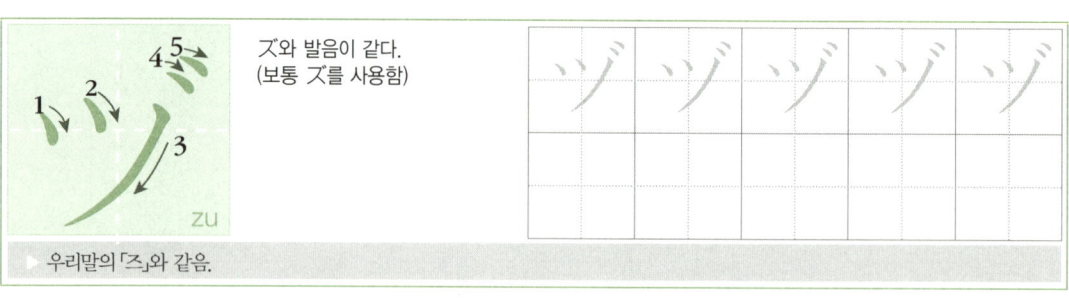

ズ와 발음이 같다.
(보통 ズ를 사용함)

▶ 우리말의 「즈」와 같음.

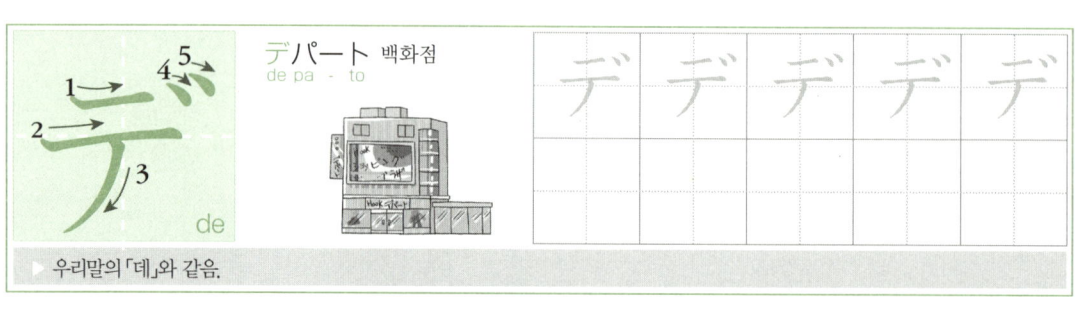

デパート 백화점
de pa - to

▶ 우리말의 「데」와 같음.

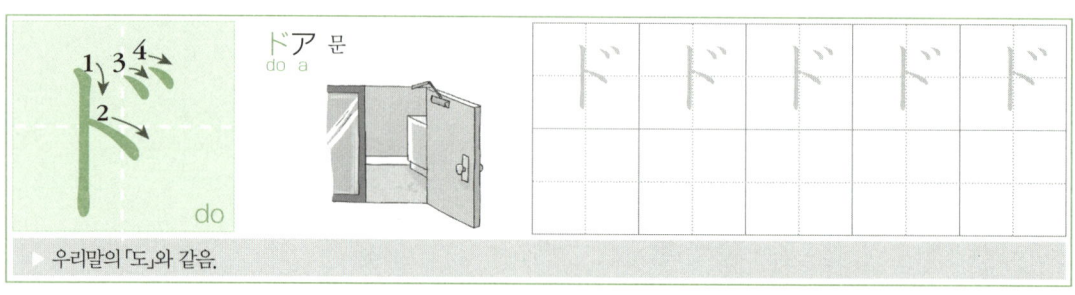

ドア 문
do a

▶ 우리말의 「도」와 같음.

가타카나 탁음

ダ
다 [da]

ヂ
지 [ji]

ヅ
즈 [zu]

デ
데 [de]

ド
도 [do]

▶ 우리말의「바」와 같음.

▶ 우리말의「비」와 같음.

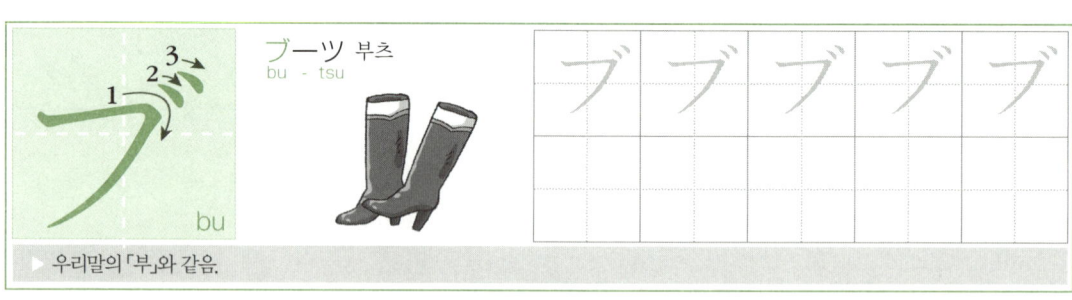

▶ 우리말의「부」와 같음.

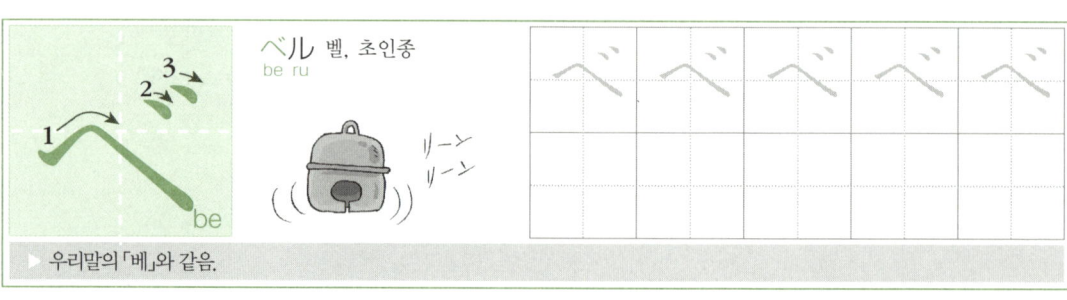

▶ 우리말의「베」와 같음.

▶ 우리말의「보」와 같음.

가타카나 탁음

| バ 바 [ba] | バ | バ | バ | バ | バ | バ | バ | バ | バ |

| ビ 비 [bi] | ビ | ビ | ビ | ビ | ビ | ビ | ビ | ビ | ビ |

| ブ 부 [bu] | ブ | ブ | ブ | ブ | ブ | ブ | ブ | ブ | ブ |

| ベ 베 [be] | ベ | ベ | ベ | ベ | ベ | ベ | ベ | ベ | ベ |

| ボ 보 [bo] | ボ | ボ | ボ | ボ | ボ | ボ | ボ | ボ | ボ |

▶ 우리말의 「파」와 같음.

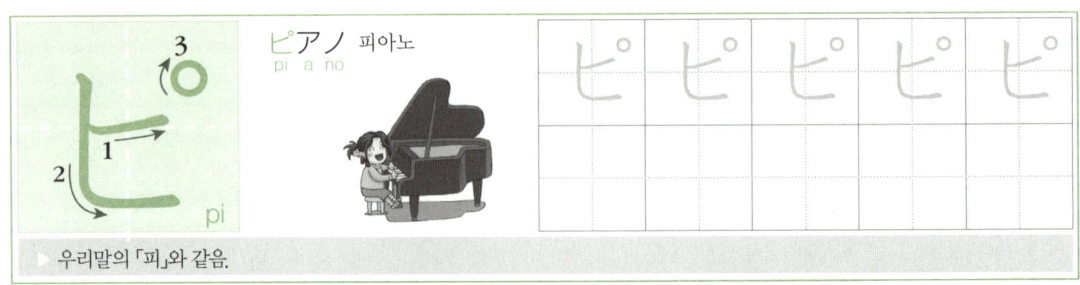

▶ 우리말의 「피」와 같음.

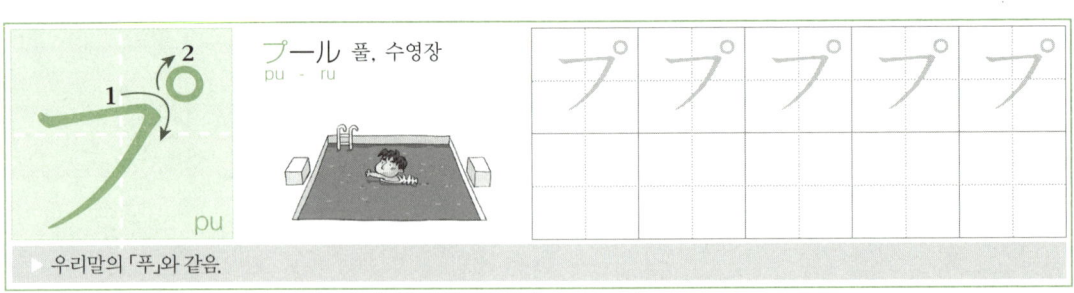

▶ 우리말의 「푸」와 같음.

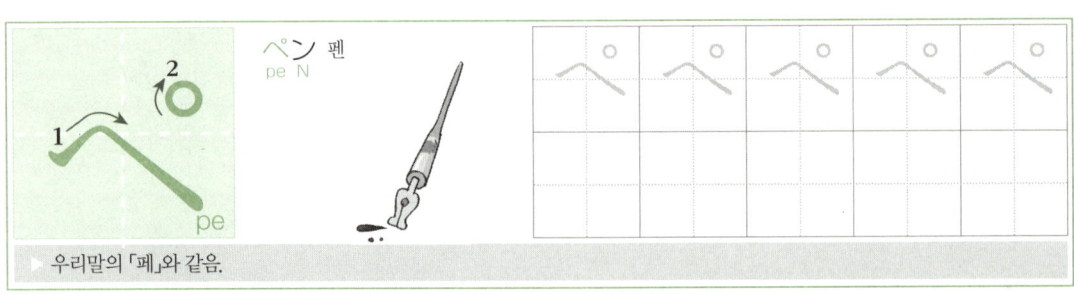

▶ 우리말의 「페」와 같음.

▶ 우리말의 「포」와 같음.

가타카나 반탁음

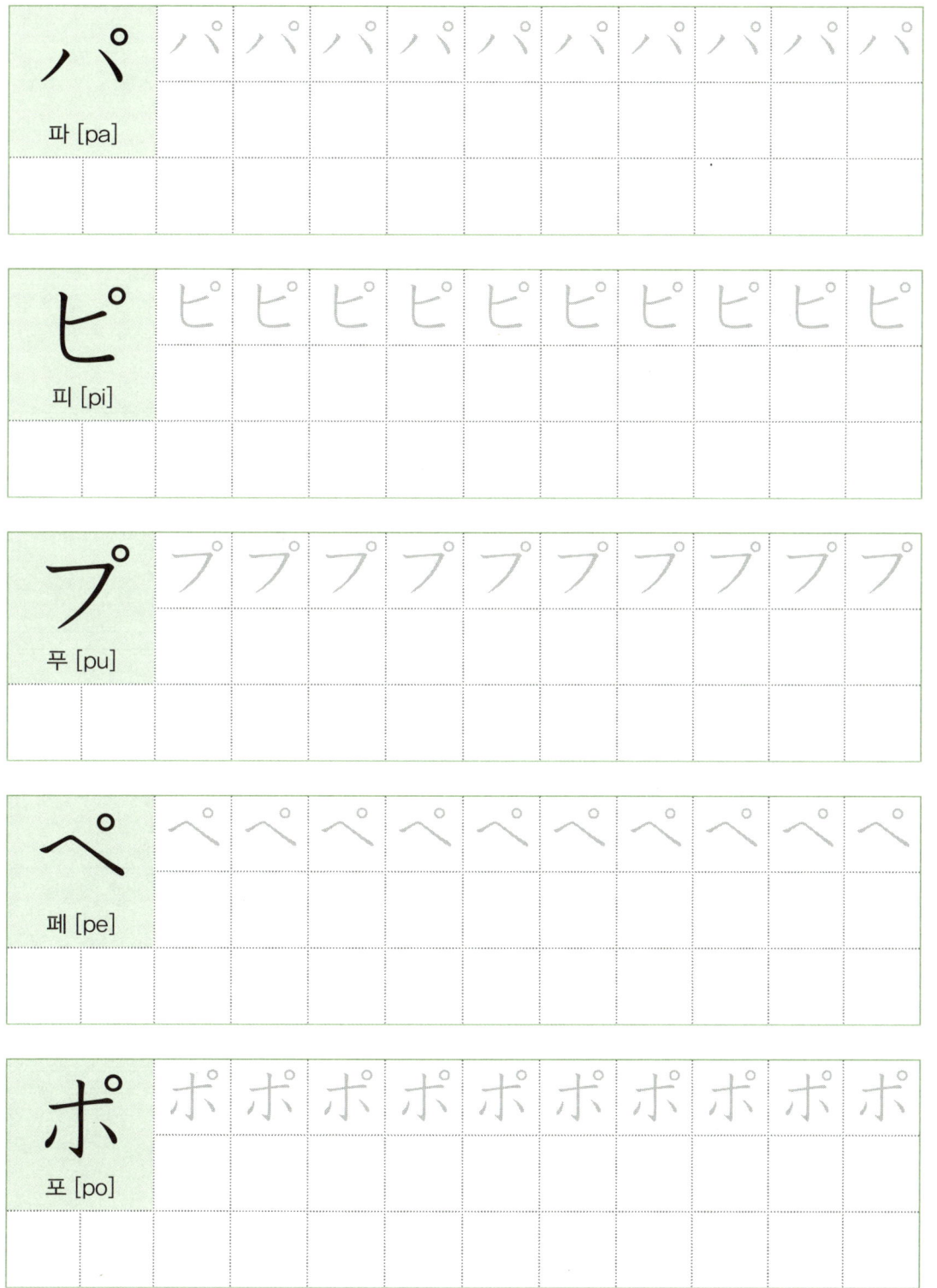

요음이란, 「イ단」 글자 중에서 「イ」를 제외한 「キ・ギ・シ・ジ・チ・ヂ・ニ・ヒ・ビ・ピ・ミ・リ」 옆에 반모음인 「ヤ・ユ・ヨ」를 조그맣게 표기한 것입니다.

| キャ kya |
| キュ kyu |
| キョ kyo |
| キャ kya |
| キュ kyu |
| キョ kyo |

가타카나 요음

가타카나 요음

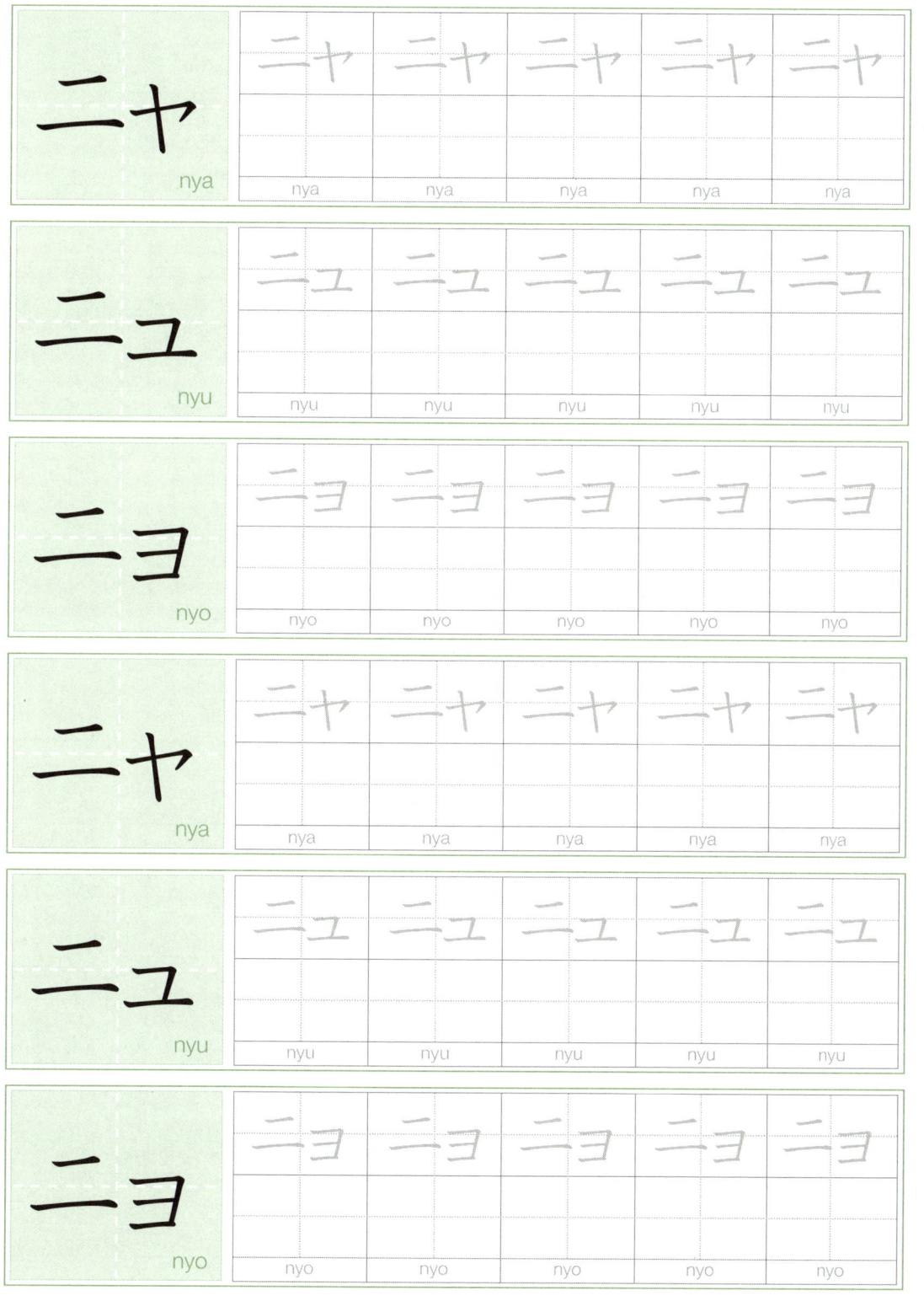

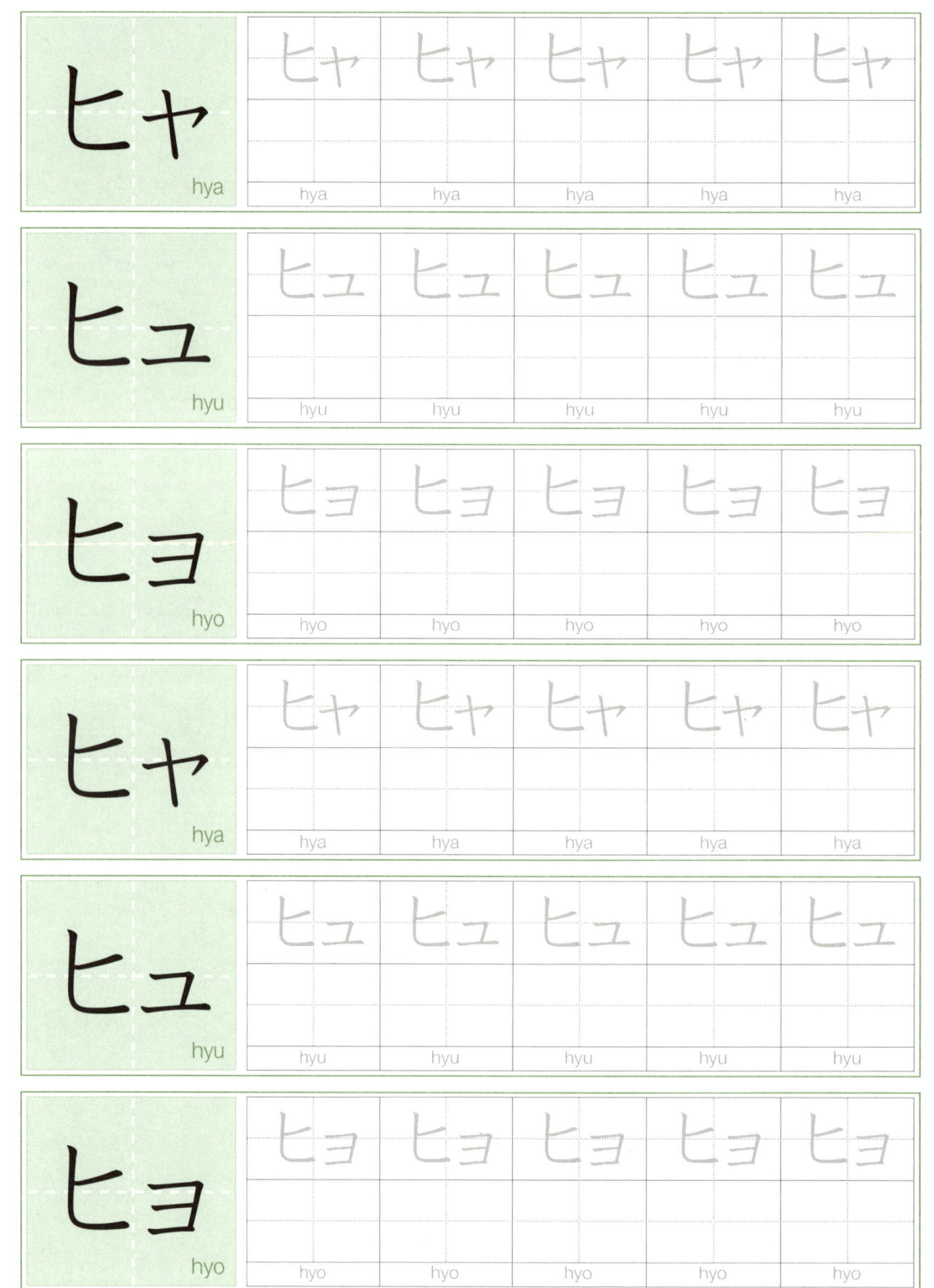

가타카나 요음

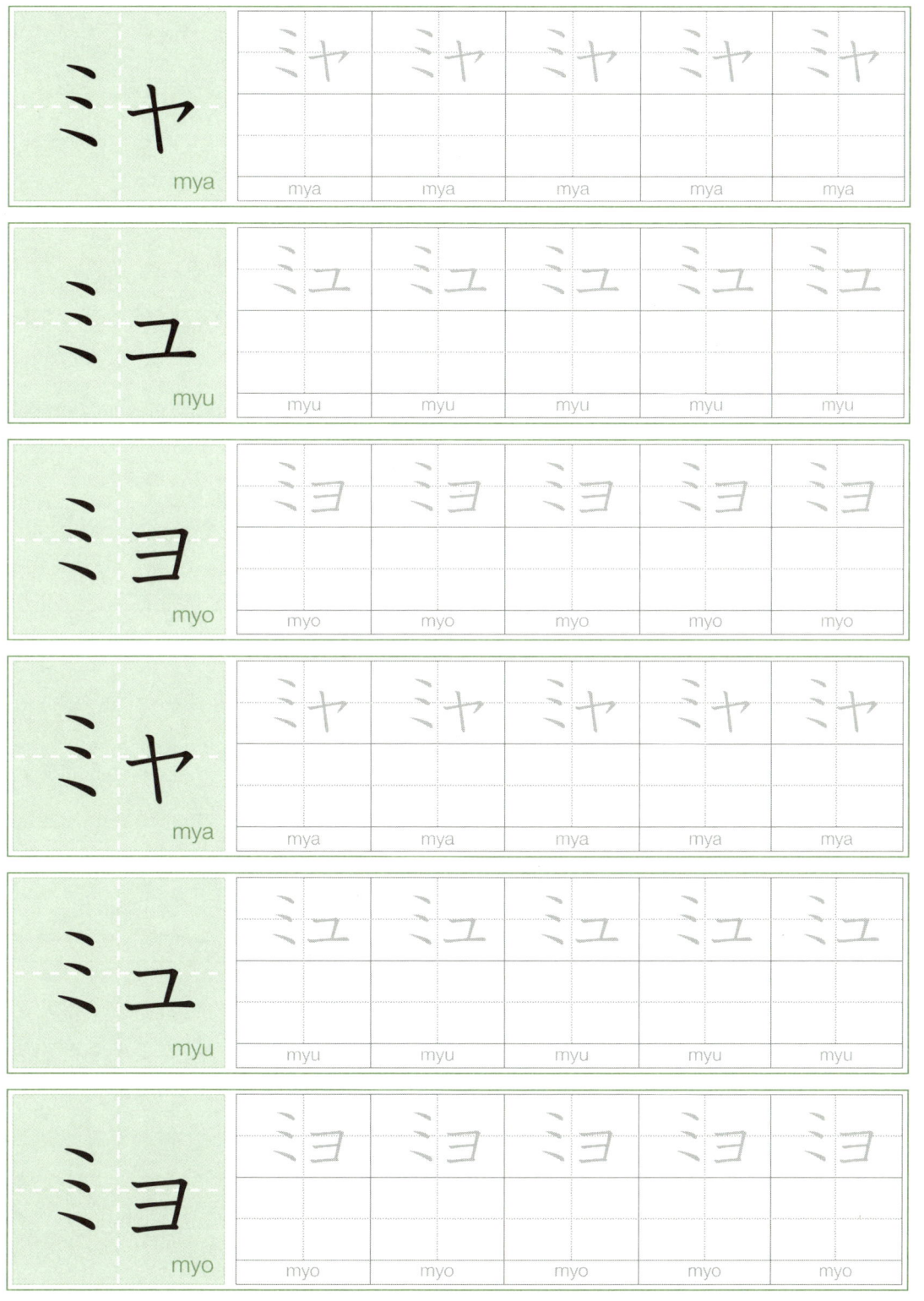

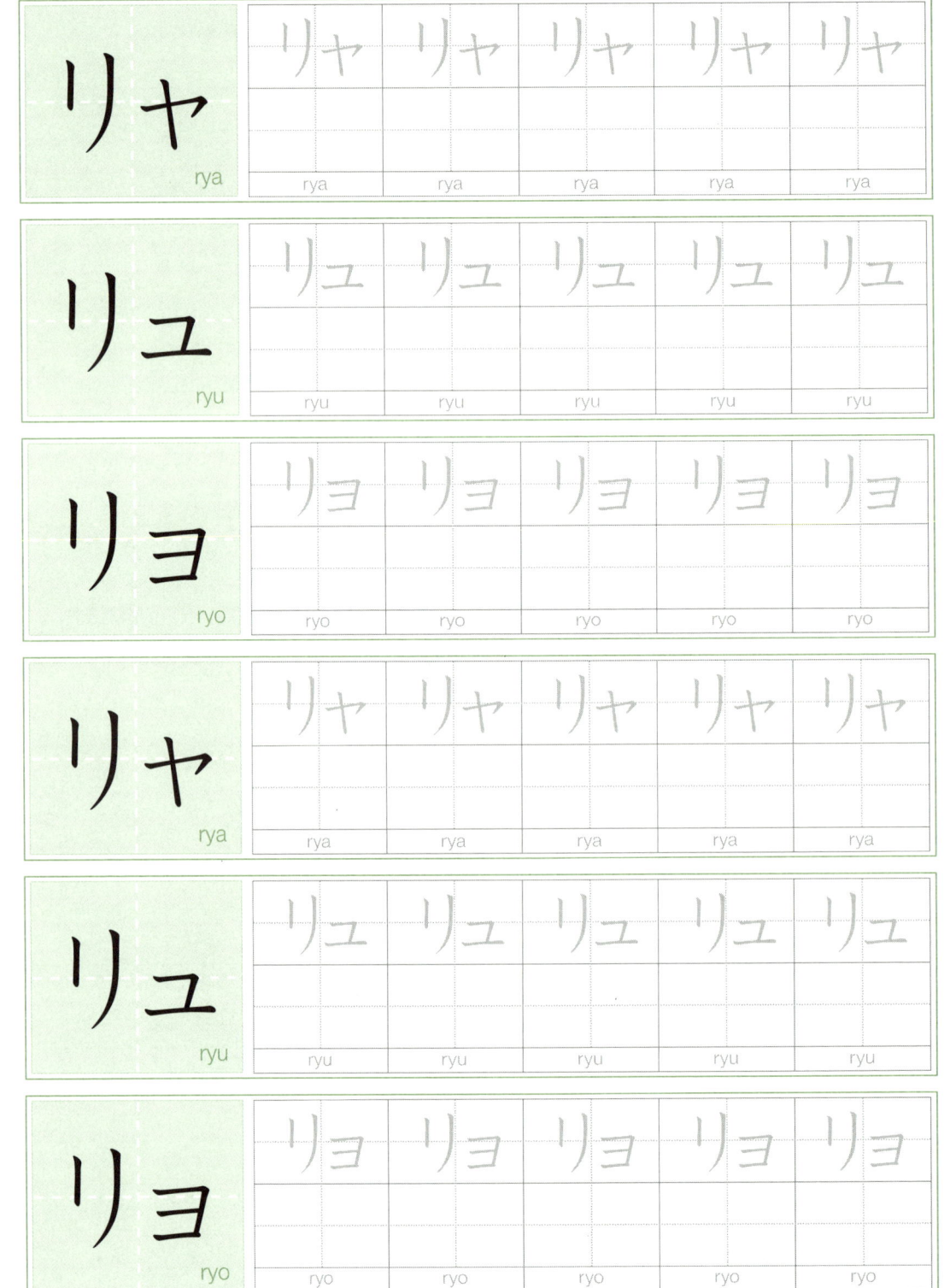

가타카나 요음

가타카나 요음

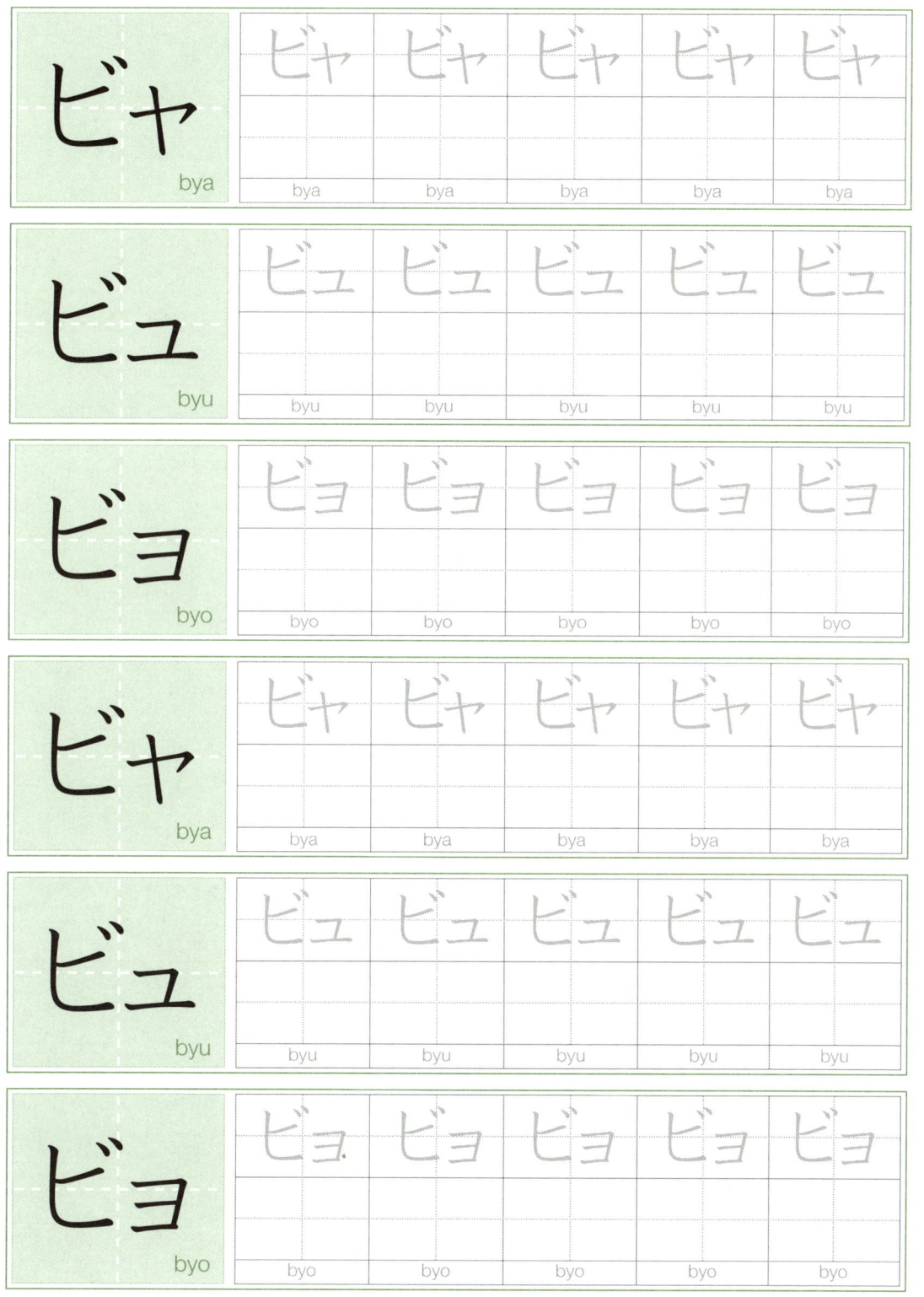

가타카나 요음

 써보기

단\행	ア행	カ행	サ행	タ행	ナ행	ハ행	マ행	ヤ행	ラ행	ワ행
ア단	a	ka	sa	ta	na	ha	ma	ya	ra	wa / n
イ단	i	ki	shi	chi	ni	hi	mi		ri	
ウ단	u	ku	su	tsu	nu	fu	mu	yu	ru	
エ단	e	ke	se	te	ne	he	me		re	
オ단	o	ko	so	to	no	ho	mo	yo	ro	wo

단\행	ア행	カ행	サ행	タ행	ナ행	ハ행	マ행	ヤ행	ラ행	ワ행
ア단	a	ka	sa	ta	na	ha	ma	ya	ra	wa / n
イ단	i	ki	shi	chi	ni	hi	mi		ri	
ウ단	u	ku	su	tsu	nu	fu	mu	yu	ru	
エ단	e	ke	se	te	ne	he	me		re	
オ단	o	ko	so	to	no	ho	mo	yo	ro	wo

촉음

촉음이란 「ッ」를 작게 써서 표기하며, 우리말의 받침과 같은 역할을 합니다.
※ 뒤에 오는 음에 따라 발음이 달라집니다.

1. 「ッ」 + カ行 → k「ㄱ」으로 발음

    - サッカー(sakka-) 축구
    - ミュージック(myu-zikku) 음악
    - バック(bakgu) 백, 가방
    - コック(kokku) 요리사, 쿡
    - トラック(torakku) 트럭
    - ロッカー(rokka-) 로커

2. 「ッ」 + サ行 → s「ㅅ」으로 발음

    - レッスン(ressuN) 레슨
    - エッセイ(essei) 수필
    - メッセージ(messe-zi) 메시지
    - ラッシュアワー(rassyuawa-) 러시아워
    - マッサージ(massa-zi) 마사지
    - ティッシュ(tissyu) 티슈

3. 「ッ」 + タ行 → t「ㄷ」으로 발음

    - チケット(chiketto) 티켓
    - キッチン(kitchiN) 부엌
    - マッチ(matchi) 성냥
    - スイッチ(suitchi) 스위치
    - ポケット(poketto) 주머니, 포켓
    - ベッド(betdo) 베드, 침대

4. 「ッ」 + パ行 → p「ㅂ」으로 발음

    - ストップ(sutoppu) 스톱
    - スリッパ(surippa) 슬리퍼
    - アップ(appu) 업
    - コップ(koppu) 컵
    - ヨーロッパ(yo-roppa) 유럽
    - ショップ(shoppu) 숍, 가게, 상점

발음

발음인「ン」은 한자의 영향을 받아 생긴 것으로, 말의 첫 머리에는 쓰이지 않습니다. 우리말의「ㄴ, ㅁ, ㅇ」받침과 같은 역할을 합니다.
※뒤에 오는 음에 따라 발음이 달라진다.

1. **マ、バ、パ行 앞에서는 m「ㅁ」으로 발음.**

   - サンプル (sampuru) 샘플
   - トランプ (torampu) 트럼프
   - メンバー (memba-) 멤버
   - コンパス (kompasu) 컴퍼스
   - キャンパス (kyampasu) 캠퍼스
   - ジャンプ (zyampu) 점퍼

2. **サ、ザ、タ、ダ、ナ、ラ行 앞에서는 n「ㄴ」으로 발음.**

   - チャンス (chyansu) 찬스, 기회
   - エンジン (enzin) 엔진
   - フレンド (furendo) 친구
   - センチ (senchi) 센티(미터)
   - トンネル (tonneru) 터널
   - アナウンサー (anaunsa-) 아나운서

3. **カ、ガ行 앞에서는 ŋ「ㅇ」으로 발음.**

   - アンコール (aŋko-ru) 앙코르
   - コンクール (koŋku-ru) 콩쿠르
   - シングル (shiŋguru) 싱글
   - ギャング (gyaŋgu) 갱
   - ペンキ (peŋki) 페인트
   - トレーニング (tore-niŋgu) 트레이닝

4. **ア、ハ、ヤ、ワ行 앞이나 단어의 맨 끝에서는 N「ㄴ과 ㅇ」중간 발음.**

   - ワイン (waiN) 와인
   - サイン (saiN) 사인
   - デザイン (dezaiN) 디자인
   - ナイロン (nairoN) 나일론
   - マラソン (marasoN) 마라톤
   - パンフレット (paNfuretto) 팸플릿

ひらがな カタカナ 함께 써보기

단\행	あ행	か행	さ행	た행	な행	は행	ま행	や행	ら행	わ행	
あ단	a	ka	sa	ta	na	ha	ma	ya	ra	wa	n
い단	i	ki	shi	chi	ni	hi	mi		ri		
う단	u	ku	su	tsu	nu	fu	mu	yu	ru		
え단	e	ke	se	te	ne	he	me		re		
お단	o	ko	so	to	no	ho	mo	yo	ro	wo	

단\행	ア행	カ행	サ행	タ행	ナ행	ハ행	マ행	ヤ행	ラ행	ワ행	
ア단	a	ka	sa	ta	na	ha	ma	ya	ra	wa	n
イ단	i	ki	shi	chi	ni	hi	mi		ri		
ウ단	u	ku	su	tsu	nu	fu	mu	yu	ru		
エ단	e	ke	se	te	ne	he	me		re		
オ단	o	ko	so	to	no	ho	mo	yo	ro	wo	

단＼행	あ행	か행	さ행	た행	な행	は행	ま행	や행	ら행	わ행	
あ단											
	a	ka	sa	ta	na	ha	ma	ya	ra	wa	n
い단											
	i	ki	shi	chi	ni	hi	mi		ri		
う단											
	u	ku	su	tsu	nu	fu	mu	yu	ru		
え단											
	e	ke	se	te	ne	he	me		re		
お단											
	o	ko	so	to	no	ho	mo	yo	ro	wo	

단＼행	ア행	カ행	サ행	タ행	ナ행	ハ행	マ행	ヤ행	ラ행	ワ행	
ア단											
	a	ka	sa	ta	na	ha	ma	ya	ra	wa	n
イ단											
	i	ki	shi	chi	ni	hi	mi		ri		
ウ단											
	u	ku	su	tsu	nu	fu	mu	yu	ru		
エ단											
	e	ke	se	te	ne	he	me		re		
オ단											
	o	ko	so	to	no	ho	mo	yo	ro	wo	

 함께 써보기

단\행	あ행	か행	さ행	た행	な행	は행	ま행	や행	ら행	わ행	
あ단											
	a	ka	sa	ta	na	ha	ma	ya	ra	wa	n
い단											
	i	ki	shi	chi	ni	hi	mi		ri		
う단											
	u	ku	su	tsu	nu	fu	mu	yu	ru		
え단											
	e	ke	se	te	ne	he	me		re		
お단											
	o	ko	so	to	no	ho	mo	yo	ro	wo	

단\행	ア행	カ행	サ행	タ행	ナ행	ハ행	マ행	ヤ행	ラ행	ワ행	
ア단											
	a	ka	sa	ta	na	ha	ma	ya	ra	wa	n
イ단											
	i	ki	shi	chi	ni	hi	mi		ri		
ウ단											
	u	ku	su	tsu	nu	fu	mu	yu	ru		
エ단											
	e	ke	se	te	ne	he	me		re		
オ단											
	o	ko	so	to	no	ho	mo	yo	ro	wo	

단\행	あ행	か행	さ행	た행	な행	は행	ま행	や행	ら행	わ행	
あ단											
	a	ka	sa	ta	na	ha	ma	ya	ra	wa	n
い단											
	i	ki	shi	chi	ni	hi	mi		ri		
う단											
	u	ku	su	tsu	nu	fu	mu	yu	ru		
え단											
	e	ke	se	te	ne	he	me		re		
お단											
	o	ko	so	to	no	ho	mo	yo	ro	wo	

단\행	ア행	カ행	サ행	タ행	ナ행	ハ행	マ행	ヤ행	ラ행	ワ행	
ア단											
	a	ka	sa	ta	na	ha	ma	ya	ra	wa	n
イ단											
	i	ki	shi	chi	ni	hi	mi		ri		
ウ단											
	u	ku	su	tsu	nu	fu	mu	yu	ru		
エ단											
	e	ke	se	te	ne	he	me		re		
オ단											
	o	ko	so	to	no	ho	mo	yo	ro	wo	

 함께 써보기

단＼행	あ행	か행	さ행	た행	な행	は행	ま행	や행	ら행	わ행
あ단	a	ka	sa	ta	na	ha	ma	ya	ra	wa / n
い단	i	ki	shi	chi	ni	hi	mi		ri	
う단	u	ku	su	tsu	nu	fu	mu	yu	ru	
え단	e	ke	se	te	ne	he	me		re	
お단	o	ko	so	to	no	ho	mo	yo	ro	wo

단＼행	ア행	カ행	サ행	タ행	ナ행	ハ행	マ행	ヤ행	ラ행	ワ행
ア단	a	ka	sa	ta	na	ha	ma	ya	ra	wa / n
イ단	i	ki	shi	chi	ni	hi	mi		ri	
ウ단	u	ku	su	tsu	nu	fu	mu	yu	ru	
エ단	e	ke	se	te	ne	he	me		re	
オ단	o	ko	so	to	no	ho	mo	yo	ro	wo